お金のクセは
心のクセ！

なぜかお金が貯まる「使い方」

マネーコーチ＆コンサルタント
「ココロとお金のコンシェルジュ」
こながい ひでゆき

Clover
クローバー出版

はじめに

この本を「お手にとって」いただき、ありがとうございます。

この本は、なぜかいつも「お金」がないと言っている人や「お金」に振り回されている人など「お金」に関して何らかの不安や心配、問題事を抱えている人が、「お金」に振り回されない人生を歩み、自分らしくより幸せな未来を目指していけるようになるための、ひとつの行動指針として書かれています。

節約したり、「お金」に振り回されたり、自分らしくないことをしてストレスを抱えながら不幸せな人生を歩んでいくのではなく、「お金」と上手く向き合い、上手く付き合い、自分らしく「お金」と接し、自分らしく「お金」を使い自分らしく生きていくことで、より幸せな自分となり、そして夢や目標を実現させることができたなら、どんなに素晴らしいことでしょう‼

申し遅れましたが、私は「ココロとお金のコンシェルジュ」こながい ひでゆきと言います。2010年より現在まで10年ちょっと、生活するためにライスワークと言われる生活費を稼ぐための労働や仕事は一切していない状態です。かといって親のスネをかじっているわけでもなく、ネットワーカーのようなMLMのビジネスをしているわけでもありません。それまでに自分自身で働いて貯めて、そして増やして築いた資産を効率的に運用しながら、日々の生活に必要な「お金」を得て現在まで過ごしています。

基本的に、嫌なこと、やりたくないこと、面白くないことなどは一切しないで、楽しいこと、ワクワクすること、面白いことにフォーカスし、ライフワークと言われるようなことをやりながら日々過ごしています。

資産を運用するといっても何も特殊な投資をしているわけではなく、誰もがすぐに口座を開けるネット証券を使って、東京証券取引所などで誰もがいつでも買うことのできる投資信託や株式を、それもデイトレのようなあくせく働くやり方ではなく、中長期保有しながら、キャッシュフローを獲得していくといったスタイルで運用しています。

運用する資産の元本も、億単位といった桁の大きな資産など到底なく、誰もがある程度の時間をかければ貯められるような金額で行っています。

このようなことを言うと、よく筆者に特殊な才能があったのでは、などと言われる方がいますが、ごく普通のサラリーマンの家庭に生まれ育ち、とくに親から資産を受け継いだというようなこともなく、大学を卒業してからもしばらくは普通のサラリーマンをやっていました。

ただ多くの人と違うのは、20代の頃から「40歳までにセミリタイヤしたい」という目標を持っていたことでしょうか。

敢えて言うならば、親の教育というか親から受けた影響で、子どもの頃から「お金」を貯める習慣があったことでしょうか。学生時代もバイトをしては貯金をして、大学を卒業する頃には郵便貯金が２００万円くらいはあったかと。といっても学生時代の趣味が海外旅行で、年に2回は海外に出かけていましたので、ひたすら貯金をしていたわけでもありません。ただ、今思うと、「お金」を使うところには使って、貯めるところでは貯める、という自分軸が学生時代からあったのでしょう。

大学卒業後は、小さな広告代理店に就職したのですが、社会人になってからも「お金」を貯めることは怠りませんでした。初任給は18万何がしで手取りが

15万円弱でしたが、そこから毎月財形貯蓄を3万円していました。さらに趣味の旅行の「お金」は別途貯金していましたので、家賃や生活費を払うと他に使える「お金」がほとんど残らないような生活でした。

しかし、「お金」というのは貯めるだけでは増えません。バブル直後まではは貯めて郵便局で定期貯金にしておくだけで5％以上の金利がもらえた時代でしたので、ただ貯金するだけでも「お金」は増えていきましたが、今や金利はないに等しく貯金だけでは一向に増えません。むしろ近年のインフレと言いますか、物価の上昇や消費税率の上昇に伴い、貯金している「お金」の価値は目減りしている状況です。

筆者は大学卒業後に初めて就職した会社を3年で辞めたのですが、その後3か月無職の間に、貯めた「お金」が一気に減るという経験をしました。具体的に言うと、大学を卒業して3年間で学生時代からの貯蓄もあわせて貯めた総額が約450万円ありましたが、3か月後には300万円を切る、たった3か月で150万円超の「お金」を使ったわけです。

もちろんその間には海外旅行に行ったり、パソコン（当時のパソコンは普通に30万円くらいしました）を買ったりと生活費以外の特別な支出もありましたが、このままのペースで生活を続けると、あと半年も持たないという恐怖を味わったのです。

この恐怖を味わうという実体験から、「お金」はただ貯めるだけじゃダメで、「お金」に働いてもらわないといけない、と思うようになりました。

そこから「お金」に働いてもらうにはどうすればいいかを考え、資産運用をしようと思い立ちました。とはいえ、資産運用をしようと思い始めた27歳の頃は、資産運用に関しては全くのド素人。

当時メンターと言いますか、筆者にそういったことを教えてくれる人はまわりに一人もいなかったので、書籍や雑誌などを買って学んだり、情報収集したり、そして実際に株や投資信託を買ってみる、といった試行錯誤を繰り返してきただけです。

ＩＴバブル、ライブドアショック、サブプライムローン、リーマンショック、3・11の震災、ギリシャショック、チャイナショック、コロナショックなど、様々な危機を経験してきましたが、一貫してコツコツと資産運用をし続けてきただけです。

とくにライブドアショックではかなり損失を出しましたので……まさかライブドア1社の不正のために、世の中全体があそこまで変化するとは思わなかったので、本当にとんでもない目に遭いました。ですので、今でもホリエモンを見ると腹が立ちます（笑）。

いずれにしても、そういった数々の経済危機を乗り越え、今のような運用スタイルに落ち着きました。

またその一方で、仕事では社内でとんでもないトラブルに巻きこまれ、個人で弁護士を雇わなければいけないような状況に追いこまれ、さらには、プライベートにおいても大切なものをすべて失うといったかなり悲惨な状況に陥り、心身ともに病んで働くことができず、廃人寸前の状態を経験しました。

ただそんな状況で、労働の対価としての収入がなくとも、いくばくかの収入を資産運用で得られていたことが、今思えばちょっとした救いだったかもしれません。

いずれにしても、いろいろな経緯を経て10年ほど前から、生活するために「お金」を稼がないといけないという状況ではなくなり、嫌な仕事・やりたくない仕事をする必要がなくなりました。

そして現在は、面白いこと、ワクワクすること、楽しいこと、自分の興味のあること、そして誰かの役に立てること、誰かに貢献できること、といったことにフォーカスして日々過ごしています。

その一環で、「ココロとお金のコンシェルジュ」として、「お金」に振り回されないようになるための**「お金の自分軸」**（「お金」に対する個人の価値観・価値判断基準）を明確にするためのサポートとして、セミナーやワークショップ、マネーコーチングやコンサルティングなども行っている状況です。

この本は、一人でも多くの人が、**「お金の自分軸」**を明確にして、その人らしい「お金」との接し方を確立し、「お金」に振り回されることなく、「お金」に対する不安もなく、ココロときめくような「お金」の使い方をして、いつも笑顔で自分らしく好きなこと・やりたいことをやりながら、イキイキと輝いている人生を歩むことができるようになれば、という思いで書かせていただきました。

目次

第2章 「節約」の真実

第3章 「お金」の真実

第4章　「お金の自分軸」とは

第5章 「お金の自分軸」を確立する

第6章 「お金の自分軸」を理想の将来に活かす

序章
「お金」について何も知らない大人たち

「お金」の教育

現在の日本において、「お金」について体系的に学ぶことなく育った大人が非常に多いのは事実です。近年では、学校などで子どもが「お金」について学ぶ機会が少しずつ増えているようですが、その親である大人はほとんど学ぶことなく今も日々生活しているのではないでしょうか？

後ほど詳しく「お金」について記しますが、「お金」って何ですか、という問いに自信を持って答えられる大人はほとんどいません。ですので、子どもが学校で「お金」について学んでも、家に帰れば親の懐事情や「お金」の付き合い方に無意識のうちに感化・洗脳されてしまうのではないかと、筆者は思っています。「お金」の教育は子どもにするだけでは不十分で、親子で学ばなければいけない非常に大事なテーマだと筆者は考えています。

「お金」というのは本来、何かをするための道具であって、「お金」そのものが目的ではないのですが、多くの大人たちが道具である「お金」に振り回されているのです。

なぜ振り回されてしまうのでしょう？

理由はとても簡単で、**「お金」を使う側である人間の「心」が育っていないからです。**「お金」と「心」は非常に密接に関わっているのですが、そのことについて理解している人は少なく、ましてやそこについては誰も教えてくれません。なぜなら人間は、人それぞれ違った価値観を持っており、考え方や感じ方も異なります。何より人間の感情を司る「心」の部分が人それぞれ違っているのです。

より良い人生を歩んでいくための道具である「お金」と上手く付き合うには、この「心」の部分も同時に育てていく必要があるのです。

「お金」がすべてではないが、「お金」があれば多くの問題や悩みを解決できる

「お金」の話をすると、「世の中お金じゃない」とか「お金がすべてではない」とか、そういったことを耳にすることが多々あります。筆者もそれは否定しませんし、その通りだと思います。

ただ、「お金」という道具があれば、多くの人の悩みや問題、揉めごとや争いごとを解決することができますし、夢や願望を叶えたりすることも可能です。

会社の人間関係で悩んでいて逃げ出したいといった悩みなら、3～4億円といった生涯年収くらいの「お金」があれば、極論、今すぐ会社を辞めても問題ないでしょう。

癌や治療費の高い病、保険適用外の手術が必要な病、治療法がまだ確立されていない病気などでも、最先端の治療を最先端の病院で、自費ですべて受けられるだけの十分な「お金」があれば、治せる可能性は十分にあるでしょう。少なくとも、今よりは良くなる可能性は高いと思います。

家庭内での問題や、子どもの教育や学校での問題などでも、家族の誰もが働かなくてもいいくらい十分な「お金」を持ち合わせていれば、夫婦間の問題の多くも解決できるでしょうし、子どもと向き合う余裕や時間が持てるでしょうし、学校でのトラブルなどでも転校したり引っ越ししたり、さらに将来を考えては高度な教育を受けさせたり、といろんなことができますよね。

厚生労働省と警察庁が毎年公表している自殺に関するデータがありますが、「令和元年中における自殺の状況」（令和二年3月17日付）によると、令和元年中に自殺で亡くなった方は20169人だそうです。令和二年はコロナ騒動の影響もありさらに多くの人が亡くなっているようです。

ただ、自殺の定義が明確にされておらず、自殺行為を行ってから24時間以上生きていたら自殺にカウントされないとか、遺書が見つからないと変死体として扱われて自殺にカウントされないとかで、実際に自殺行為をしたけれど自殺にカウントされない方を含めると、年間に亡くなった方の数は3万とも4万とも言われているようです。

細かい話はさておき、自殺する人の原因ですが、健康問題（48・4％）、経済・生活問題（16・7％）、家庭問題（14・9％）、勤務問題（9・6％）、男女問題（3・6％）、学校問題（1・7％）、その他（5・1％）、となっていますが、どうでしょう？

もちろんすべてとは言いませんが、どの問題も十分な「お金」があったら解決できたかもしれません。

世の中の悩みや問題の多くは、「お金」で解決できてしまうのです。「お金」がすべてではありませんが、「お金」があれば解決できることがたくさんあるのは事実なのです。

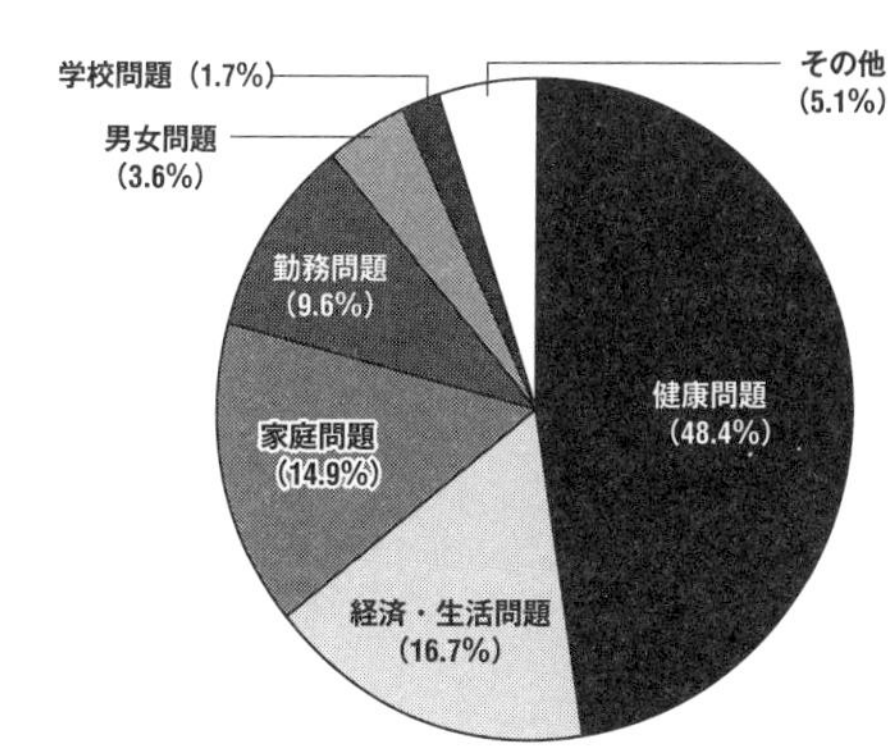

「お金」と上手く付き合うには

まず「お金」というものについて知ること、そしてその「お金」という道具を通じて、自分自身のことを理解すること、そして自分の中で大事にしている価値観を明確にし、それに基づいて、この先「お金」を使うことができれば、少なくともこれまでよりも良い未来につながることでしょう。

本書では、まず「お金」に対する誤解や思い込みを一度手放し、次に「お金」そのものについて知り、その次に「お金」を通じてみなさんの現状と価値観を洗い出すことでスタートラインに立ち、最後にその価値観を基に理想の未来を描く＝ゴールを設定して、そこへ向かう段階までのプロセスを描いています。

「お金」に振り回されない人生を歩むためにも、ぜひやってみてください。

そうすれば間違いなく、あなたの人生が変わりますから！

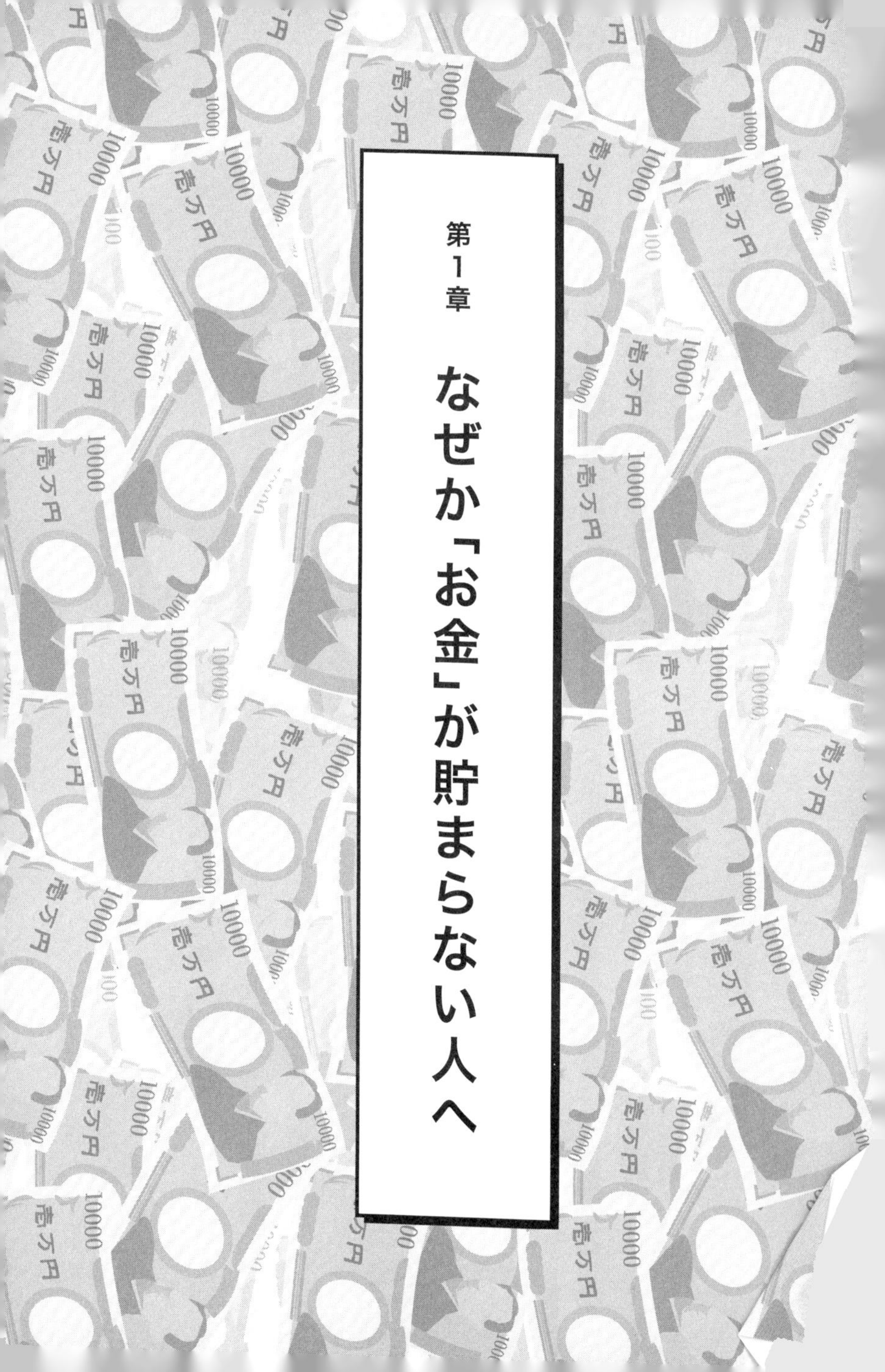

第1章

なぜか「お金」が貯まらない人へ

なぜか「お金」が貯まらない人

なぜか「お金」が貯まらない人、いますよね。

気づいたらいつも「お金」がない、いつも「お金」に振り回されている、何かするにあたって、いつも「お金」が問題になる……。心当たりのある人はいませんか？

また、「お金」を貯めようとか、「お金」に振り回されないようになろうとか、そんなことを思って、節約やいろいろな知恵やアイディアを試した人、いますよね。節約本を読んでみたり、「お金」の貯め方の本を読んでみたり、「お金」のセミナーや投資のセミナーに参加してみたり……。

でも、その結果ほとんど何も変わらない人、いませんか？

なぜでしょう。いろいろ学んだり、いろいろ試したりしても結果に結びつかない、という以前に、続けることができず、途中で嫌になってやめてしまった人も多いかもしれませんが、できないことには理由があるのです。

節約しなきゃ、「お金」を貯めなきゃ、もっと「お金」に振り回されないようにならなきゃ、といった理由で行動を起こしても何も変わらないのです。

一時的な不安感だったり、焦燥感だったり、義務感だったり、とにかく一時的に無理して頑張ったり、自分にストレスをかけて負荷をかけて……、そんなことをしているから継続できず、結果も出なくて、諦めたり後悔したりする……。

そして、「このやり方は間違えていたんだ」とか「自分には合わないんだ」と言い訳してやめてしまい、「今度は大丈夫だ」「次こそはいける」などと言い聞かせて、また新たなことを試すのです。結局フタを開けてみると同じことの繰り返し……。心当たりありませんか？

とくに「お金」のことに関しては多くの人が、この繰り返しをしているようです。

また、何か有用なアイディアやテクニック、手法などを学ぶ機会があっても、やる前から諦めてしまう人も結構見かけます。「この人は頭がいいから」「この人は運が良かっただけ」「この人は育ちが違うから」「環境が違うから」「特別だから」などなど、**最初からできない理由・やらない言い訳を考えている人が多かったりします。**

「お金」の話となると、このように考えて何もやらない人が結構いるようですが、みなさんとても大きな誤解をしているようです。

「お金」と学歴は関係ない

同じように生活しているだけでも、「お金」の貯まる人と貯まらない人がいます。同じように教育を受け、同じように進学し、同じように社会に出ているにもかかわらず、「お金」のある人・貯まる人、「お金」のない人・貯まらない人、がいます。

「お金」と上手く付き合っている人、「お金」を味方にして「お金」に振り回されない人がいる一方で、いつも「お金」がなくて「お金」に振り回されている人、「お金」の奴隷になっている人がいます。

それは一体なぜでしょうか？

実は、これは学力的な頭の良し悪しとは関係ありません。学歴が高いからといって、「お金」と上手く付き合えているとは限らず、学歴が低いからといって「お金」に振り回されているわけではありません。**「お金」について言うならば、学歴は全く関係ないと言っても過言ではありません。**

日本における学歴の最高峰とも言える東京大学を卒業したからといって、お金持ちになれるわけではないし、高卒だからお金持ちになれないわけでもないのです。現に、世のお金持ちの方で東京大学出身の方は案外少ないものです。逆に高卒とか大学中退とかで、自ら事業を起こしたりしてお金持ちになっている人、たくさんいますよね。

「お金」と学歴は、必ずしも関係ないのです。

「お金」と職業も関係ない

筆者は、「ココロとお金のコンシェルジュ」として、何年もの間セミナーやワークショップ、個別のコーチングやコンサルティングを行ってきましたが、その中で「お金」に振り回されている人があまりに多いことを目の当たりにしてきました。

それ以前に、会社勤めをしていた頃から、まわりに「お金」に振り回されている人が多いのを見てきました。

なかでも驚いたのは、筆者が以前、国際的な会計事務所やコンサルティング会社で働いていたとき、主にM&Aや、企業の財務戦略や収益改善などのお手伝いをする仕事をしていたのですが、そのときの同僚の中に決まって給料日直前に「お金」がない、と言い出す人がいました。それも一人や二人ではありません。

公認会計士という会計のプロ、数字のプロと言った資格を持っていて、クライアント企業のキャッシュフローが悪化しているので改善しましょう、などとアドバイスしているような人達が、実は本人のキャッシュフローが回っていない、という筆者もびっくりするようなことをよく見かけました。

会計のプロ、数字のプロと言っても過言ではない職業の人ですら、自らの

「お金」についてはちゃんと管理できておらず、「お金」に振り回されているのです。ということは、数字が苦手な人、数字を得意としない人ならば、なおさらですよね。

公認会計士の彼らは、一般企業の方々と比べると高収入でたくさん「お金」が入ってくるのですが、その中でも「お金」がない人、貯まらない人がいるというのは、使う「お金」が多いことはもちろん、自らの「お金」をちゃんとコントロールできていないことが原因なのです。

同様に、医者や弁護士といった士業の方にも同じような方がいらっしゃいます。収入の多い

職業に就いたからといって「お金」に振り回されないとは限らないのです。むしろ、収入の多い職業の人たちはその分、見栄やプライドが高くなり、「もっともっと」と高いものを買ったり、高い食事をしたりと贅沢をして、「お金」がかかる生活をする傾向があったりもします。

「お金」と職業は必ずしも関係ないのです。

「お金」と意志の強さも関係ない

よく、「お金」に振り回される人は、誘惑に弱いとか、意志が弱いとか、そういう風に思われがちなのではないでしょうか？　一方で、成功者やお金持ちになった人は意志が強い人だ、と考える人も多いかもしれません。

しかし、これも全く根拠のないことだったりします。

意志が強いと思われる人として、実績を残しているスポーツ選手や著名人などが挙げられます。彼らは恐らくそうなるための努力を惜しまず、その地位を築いた人たちだと思いますが、どうでしょう？

誰とは言いませんが、そういった人でも「お金」に振り回されたり、自己破産をしたりする人が結構いたりします。彼らは意志が弱い人間なのでしょうか？　意志が弱ければ、何かを成し遂げて偉大な成績を残すことも、有名になることもまずないでしょう。

スポーツや何かの世界で、成功したり実績を残したりするには、確かに意志の強さが関係するのでしょう。しかし、そういった意志の強さがあるからといって、その人たちが「お金」に振り回されない状態にあるか、「お金」に不自由しない状態にあるか、は全く関係ないのです。

「お金」と意志の強さも、必ずしも関係ないのです。

「お金」に振り回される人＝「お金」について知らない人

「お金」に振り回される人は、結局「お金」について知らない、ということにほかなりません。

「お金」と上手く向き合えてない、というか、向き合ってこなかった。そのためよく分からず勘違いして使ってしまうのです。

さらに言うならば、**自分自身についてもよく知らない人、**なのです。自分自身のことをよく知らない、自分の価値観や行動基準が明確でなく、欲求も満足度合いも理解していない。常に何かが足りないと思っている人はその典型でしょう。

欲求自体が悪いわけではありません。欲求が人を成長させる原動力となり得るからです。ただ、飽くなき欲求というのでしょうか、ただ単に、「もっともっと」といった欲求を感じることは、結局、自分自身をよく理解できていない状態で、欲求をコントロールできていないということなのです。

「お金」に振り回される人は、つまり「お金」について知らない人なのです。

「お金」に振り回される人＝自分自身を持っていない人

「お金」に振り回される人の中には、常にまわりや世の中の基準に振り回されて、自分自身を持っていない人がよく見受けられます。

何か買い物をしたり、お出かけをしたりするときに、「みんなが」とか、「流行っているから」とか、「誰か有名な人が言っているから」と、本人ではなくまわりの意見や状況、世の中の状況に起因する理由で行動する人がいます。

流行のファッションや流行のスポット、流行のお店に、流行の食事……例を挙げたらキリがありませんが、とにかく自分がどうかよりも、「まわりが」「世の中が」の基準で行動している人、多くないですか？

本来なら、自分にとって良いか良くないか、で判断するべきなのに、それをしないで、常にまわりや世の中の基準に任せている人……結構いますよね。

一生誰かの言うことを聞いて生きていくのでしょうか？　その誰か、がいなくなったら誰の言うことを聞いていくのでしょうか？　このような自分で自分のことが決められないような人の多くは、何か上手くいかなかったときにいつも誰かのせいにする傾向があります。ちょっと残念ですよね。

雑誌に掲載されているモデルさんが着ているファッションをそのまんま真似しているような人……。こういった人は、雑誌に振り回されるだけでなく、まさに「お金」に振り回されている人なのです。

「お金」に振り回される人＝見栄やプライドの高い人

「お金」に振り回される人の多くは、あればあるだけ「お金」を使ってしまうし、見栄やプライド、まわりに振り回されて身の丈に合わない買い物をしてしまう傾向があります。

「出世したから」とか、「自分は偉い地位にあるから」とか言って、高いものしか買わないとか、高いお店でしか食事しないという人がいます。

彼らは、最初から出世してたり、偉い地位にあったわけでもないのに、そうなる前に気に入って使っていた安価なものや、好きでよく通っていたお手軽価格のお店などが、偉くなった今の自分には相応しくない、と考える人とでも言いましょうか。

こういう考えの人は、まさに見栄やプライドの高い人です。こういった人たちも結局は「お金」に振り回されている人なのです。

給料が増えたからって生活水準を上げなきゃいけない理由は全くありません。年収が100万円増えたって言っても、月々8万円程度、税金を考えるともっと少ないですよね。ちょっと何か高価な買い物したらすぐになくなりませんか？

ただ自分自身で勝手に自己評価を上げただけで、それはどちらかというと他人を意識した行為だったりもするのです。他人を意識して、買い物や食事といった、他人から見えるものへ使う「お金」を高くしただけなのです。

自分自身のない人や、見栄やプライドの高い人たちは、「お金」というよりも、人や周囲、世の中・人の目に振り回されている人とも言えるでしょう。もしそれで本人が本当に幸せを感じるのであれば、それはそれで構いませんが、人の目や人の判断に左右されるような生き方は、多くの人にとってストレスになるのではないでしょうか？

自分自身のない人や、見栄やプライドが高い人たちは、結局、他人を評価基準にして行動しているだけなのです。他人に自分の人生を生きてもらうことはできませんし、他人をコントロールすることもできないのです。

他人がどうこうではなく、まずは「自分がどうか」「自分自身がどうか」が大事だと思いますが、どうでしょうか？

「お金」に振り回されない人

では、「お金」のある人、「お金」に振り回されない人ってどんな人かというと、**「お金」について、ちゃんと知っている人、ちゃんと向き合っている人、要は「お金」にコントロールされるのではなく、「お金」をコントロールする人**なのです。

学歴も、職業も、意志の強さも関係ありません。

つまり「お金」をちゃんと知ること、ちゃんと向き合うこと、「お金」をコントロールすることが大事なのですが、これは学校でも社会でもどこでも、決して教えてくれなかったことなのです。

ほとんどの人が「お金」を学ぶ場として自らが生まれ育った家庭という場がありますが、残念ながら家庭においてでは、「お金」についてちゃんと学ぶことができません。

なぜなら、子どもを教育する立場である親自身が、自ら「お金」に振り回されず、「お金」をコントロールできている状態にないことが多く、そのような人は、それを体系的・具体的に説得力のある形で、他人に教えることができないからです。自分ができないこ

とを人様に教えること自体、やはり不自然で説得力がありませんし、まずもって不可能なことなのです。

「お金」に振り回されない自分になるには、「お金」に振り回されていない人から学ぶより他に方法はないのかもしれません。

具体的な方法については、第3章以降でお伝えしようと思います。

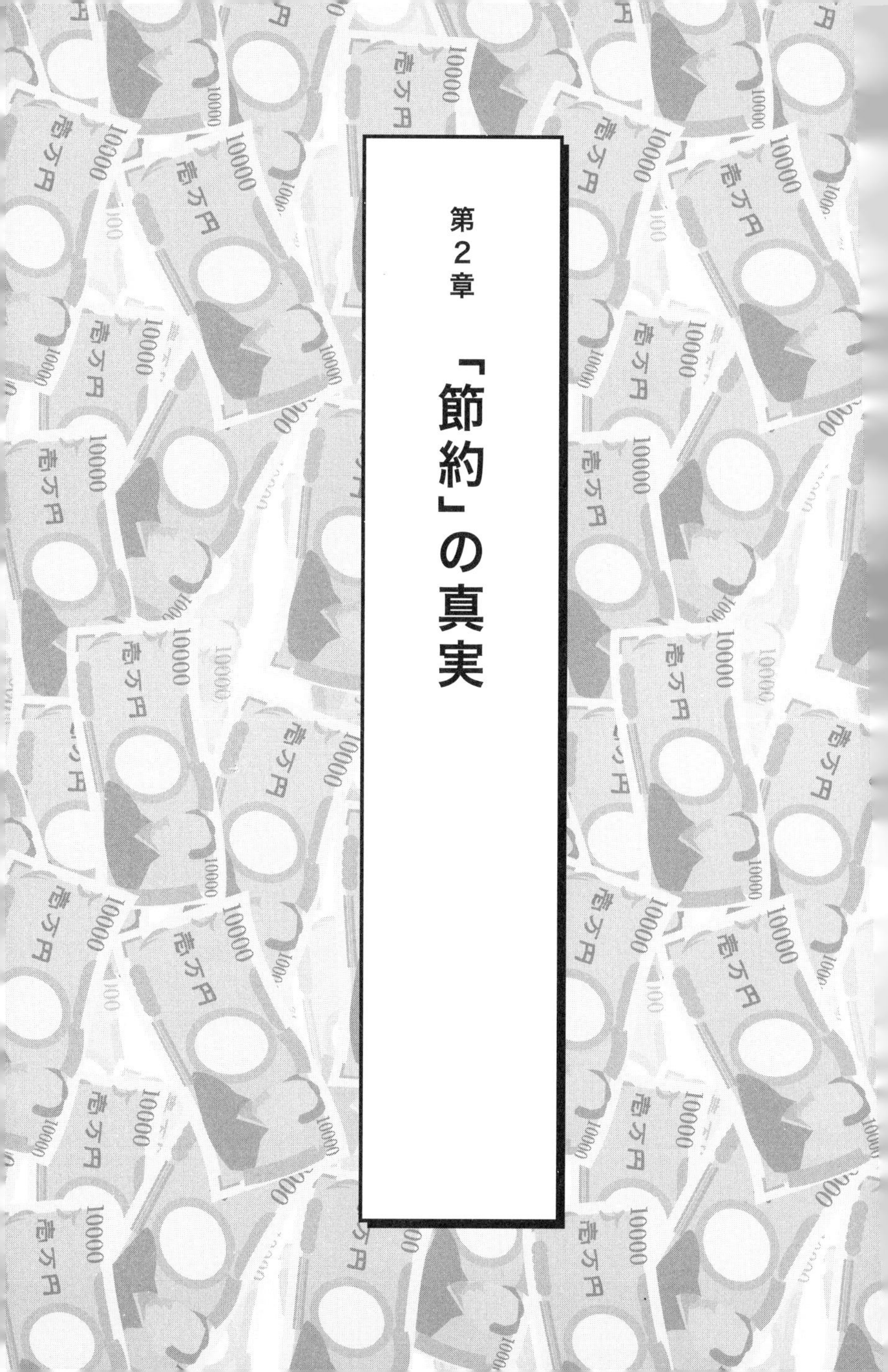

第2章 「節約」の真実

「節約」って必要？

以前に節約ブーム、ってありましたよね。「節約」に関する書籍や雑誌の特集が組まれた時期が……恐らく今でもファイナンシャルプランナーのような方々が、ライフプランニングをする際に「お金」を貯めるためにやりましょう、的なことがあるかと……。

最近ではあまり見受けられなくなりましたが、２０１２年12月から始まった安倍政権で、最初の数年はアベノミクスなどと言われる株価上昇が起こり、賃金が上昇し、景気が良くなったと言われる時期が続きました。表向きは財布の紐が緩くなった時期と言われていましたが、実際、一部を除く多くの家庭においては見せかけだけの景気回復で、節約志向は変わらなかったようです。

また、２０２０年からのコロナ騒動の状況下では、先行き不安からか、さらに財布の紐がキツくなり節約志向が強まっていると聞いています。現に国民全員に給付された10万円の多くが貯蓄に回ったと言われていますので。

一方で、ここ数年においては消費税が８％から10％に上がったことはもちろん、ステルス値上げと言われる値上げ（内容量が減って価格はそのまま）など、日用品の実質的な値上げが横行し、それに伴う物価の上昇が多くの家計の財布の紐をキツくしているような気がします。もちろん、日銀は否定していますが……。

バブル崩壊以降、日本は「失われた20年」どころかもはや「失われた30年」、一部の国民を除いては、ずっと景気が悪く、給料も上がらず、懐がさみしいような状況を感じているのではないでしょうか……。

そんな時代が長く続いていることもあるのでしょうか、本屋さんに行くと、いまだにやれ節約本や節約特集をした雑誌などが、いろいろと出ていますし、今でも切り口は違えど、「節約」に関連するテーマの書籍・雑誌が多く見受けられます。

そういった世の中の風潮にのっとって節約本や雑誌を買って、自分もやってみようと思って、「節約」に挑戦した人、いそしんだ人、結構いますよね。

ところが、やってはみたけれど結果が伴わない、途中で嫌になってやめてしまった、買って読んだだけで終わってしまった、そういう人も多いのではないでしょうか?

「節約」はストレス以外の何物でもない！

「みなさんは今、節約されていますか？」
「これまでに節約したことがありますか？」
「節約して上手くいきましたか？」

筆者がセミナーやワークショップでよくする質問ですが、ほとんどの人が「節約したか」という問いにイエスと返答し、「上手くいったか」の問いにノーと返答してくれます。

ごくまれに「上手くいった」と言う人もいますが、よくよく話を聞いてみると本当に上手くいったのではなく、「上手くいった」と思い込んでいることが多いことに気づきます。

というのは、「上手くいった」と思い込んでいる人に、具体的にその結果どうなったかを尋ねると、実は思うような成果が得られていなかった、思ったほどの効果はなかった、というような返答になるからです。俗に言う、何でもポジティブシンキングな方とでも言いましょうか、本当の自分の心の声を聞かず、上辺だけでポジティブな返答をしている方が何気に多くいらっしゃるようです。

実際、「節約」したことで、それが上手くいって、素晴らしい成果を得られて、人生変わって、今は以前よりも幸せになれた、というような実質的に前向きな成果を得られた人は皆無でした。

なぜでしょう?

「節約」している人の多くは、まず何より、とにかく支出を減らそうとする、出費を押さえようと考えて行動する傾向が強いのです。

何でもかんでも、とにかくケチって安いものを買ったり、費用対効果も考えず、隣街のスーパーまで安売りの商品を買いに行ったり、買うことそのものをガマンしたり、冷静に考えると、とにかくあまり理に適っていないような行動に走る傾向にあります。

そんな行動を繰り返した結果、月末や給料日前になって、いざフタを開けてみると……あらら⁇　思ったほど「お金」が残っていない、貯まっていない、もしくは以前と同じように「お金」がない、といった結果になることが多かったりするのです（もちろん、すべての人がそういうわけではありませんが……）。

一生懸命「節約」したのに、いろいろとガマンして頑張ったのに、その結果「お金」が増えていなかったら、残っていなかったら、嫌ですよね。頑張ったのに報われない、なんて感じたら、もうやりたくなくなりますよね。

結果、「節約は無理」「節約は意味がない」「節約なんてしたくない」と「節約」自体を諦めてしまう人が多いのではないでしょうか？

「節約」はストレスです。結果が出なければ、身も心も懐も冷たくなるだけなのです。「お金」を残す、貯めるために、一番ストレスになるの

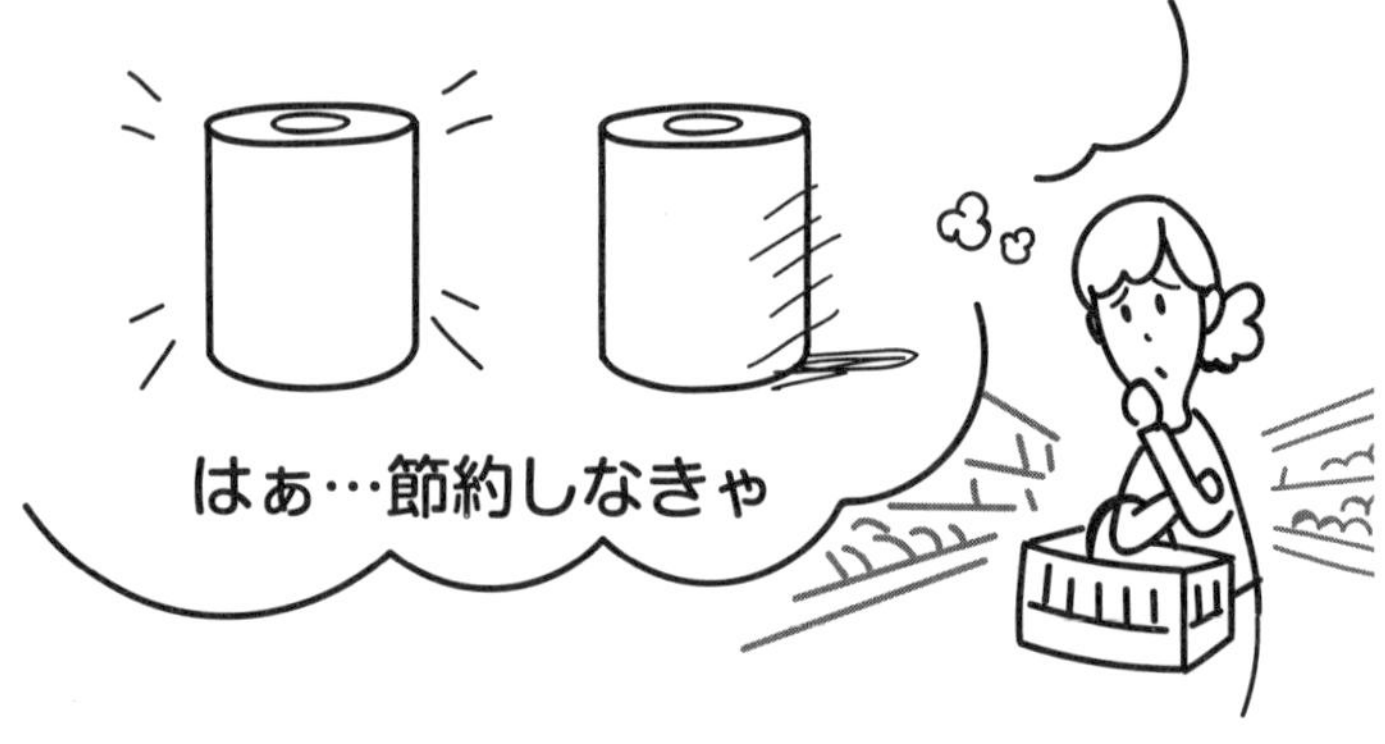

が「節約」と言っても過言ではありません。

一般的に言われているように、**世の中には「お金」を増やす方法は3つしかありません**。そのひとつとして**「支出を減らす」**という行為がありますが、このとき多くの人が一番に頭に浮かぶことは「節約」です。一番手っ取り早くできそうだからです。

しかし実際のところは、この「節約」というのが一番難しいのかもしれません。筆者は「節約」については全くオススメしませんし、人様から相談されたらむしろ「節約はするな」と言ってしまいます。「節約」よりも他にやるべきことがたくさんあるからです。これについては、後ほど第5章にて説明させていただきます。

ちなみに「お金」を増やす方法の残りの2つは、**「収入を増やす」「利回りを**

上げる」です。自ら働いて収入を増やすのか、「お金」に効率的に働いてもらうために利回りをよくするのか、です。

多くの人が収入を増やす、というところを難しく考えますが、副業解禁のこのご時世、趣味や特技その他諸々、収入を増やす手段は無数にあり、その可能性は非常に高くなっています。

ちなみに「お金」を増やす3つの方法として、「支出を減らす」のと「収入を増やす」の2つには物理的な制約や限界がありますが、**「利回りを上げる」ことには限界がありません**。

そもそも「節約」って何？

ここまで、「節約」についてお話ししてきましたが、そもそも「節約」って何ですか？

「節約」をしているかどうか、を答える前に、「節約」ということの本当の意味・定義を理解していないとどうしようもありませんよね。というのも、「節約」という言葉ひとつとっても、人それぞれ理解が異なる可能性が高いからです。

ということで、まずここで「節約」について辞書で調べてみるのですが、その前に、なぜ辞書で調べるのか、について説明したいと思います。

辞書の意味・定義は、ある言葉の意味が、その言葉を使う多くの人にとって、共通共有の認識ができるよう定義づけをしているものです。実際、同じ言葉を使っていても、人それぞれ意味や解釈が違ったまま使われていて、途中から話が通じなくなるようなことがありますが、そういった誤解を軽減するためにも辞書の意味・定義というのは非常に大切なのです。

筆者は何か迷ったり悩んだりしたときには、その原点である辞書の意味・定義に立ち返ることがよくあります。あとにも、別の言葉の「辞書の意味・定義」が何度か出てきますが、同じ理由から辞書に立ち返って、その意味・定義を記しています。

「節約」とは

さて、本題に戻りましょう。

「節約」とは、何か？ 辞書の意味を調べてみると……次の通りです。

大辞林 第三版（三省堂）の解説によると**「無駄をはぶいて、切り詰めること。」**

いかがでしょう？ この意味、みなさんはちゃんと理解されていましたか？

もう一度言います。「無駄をはぶいて、切り詰めること」です！

筆者はこれまで、セミナーなどを通じて多くの人に「節約」について聞いてきましたが、「節約」をする・しないにかかわらず、ほとんどの人が、前半部分の「無駄をはぶく」ということを知らず、それをすることなく、ひたすら後半部分の「切り詰めること」だけにフォーカスした解釈や行動をしていることが分かりました。

ただただ「切り詰めること」に集中しても、ストレスに感じませんか?

もし「節約」をするのであれば、「無駄をはぶく」ことをまず初めにする必要があるのです。

ちなみに、「無駄」とは何でしょう?

辞書で意味を調べてみますと、同じく大辞林にて**「役に立たないこと。それをしただけのかいがないこと。また、そのさま。無益。」**と出てきます。

何をもって「無駄」と定義するかは、実はこれも人それぞれ違ったりするのです。ある人には無益でも、別の人には有益であることは多々

さて、どんな意味だっけ?

ありうるからです。ですので、この「節約」の意味である「無駄をはぶいて……」と言っても、人それぞれはぶくべき要素が異なるわけです。

ただ、多くの人が、自分自身の「無駄」についてあまり意識していないのが実情です。と言うのも、多くの人に「あなたにとって無駄とは何ですか？」と聞いたこともありますが、ほとんどの人が明確な回答を得ず、曖昧なままで終わってしまうからです。

「節約」をする人の心理状況

「節約」する人の多くは、明確で具体的な目的を持たない人も多く、前向きな目的でなく危機感や義務感で行っていることが多いようです。前述の通り「切り詰める」ことにだけフォーカスしているとなおさらです。

結局、ただ支出を減らさなきゃという行為に走るだけなので、本当はやりたくないけれど、しょうがなくやっている状態です。

ですので、やっていても楽しくないし、心もワクワクしない、感情が全く伴わない、さらには、嫌だけれど、やりたくないけれど義務感でやっている、しょうがないからやっている、やらなきゃいけないからやっている、そんな動機や理由から「節約」をしているのです。

家やマンションを買ったりするときに相談するファイナンシャルプランナーからアドバイスを受けたりすると、こういう感情の伴わない義務感的な「節約」に走りがちです。

そんなことをしても決して経済的によくはならないですし、精神的にも非常によろしくないわけです。結局「節約」はストレス以外の何物でもありません。多くの人にとって「節約」はやるだけ意味のないこと、もしくは、やること自体が弊害になるかもしれないのです。

あなたは心身ともにストレスを抱えるような、自らの状態を悪化させることが分かっていても、「節約」したいと思いますか？

「節約」はリスクである

「節約したほうがいいですか？」セミナーやワークショップなどで筆者はよく聞かれます。

「どんな節約をしたらいいですか？」であればともかく、ただ単に「節約」をしたほうがいいかどうかを問われたら、筆者は間違いなく**「節約はするな」**と言います。

前述の通り、「節約」しても上手くいかない人がほとんどで、「節約」しても結果が思うように出ず、ただストレスを抱える人が多いからというのが理由です。

「節約」の効果が出て、その結果が分かるまでには、1か月とか3か月といった一定期間の時間が必要で、それだけ時間をかけてやったのに、結果が伴わない可能性が高いことから、ただ切り詰めるだけの「節約」はとてもリスクの高い行為なのです。

ちなみに「節約したほうがいいですか？」の問いですが、「節約」を「投資」に変えても全く同じことです。要は、本人の明確な目的や目標、それに対する意志や強い思い（動機）が具体的になければ、資産運用的な意味合いでの「投資」で言うならば、今ある「お金」（具体的な金額）をいついつまでにどうしたいか、その「お金」の性質はどうで、どこまで損失に耐えられるか等、具体的なことがなければ「投資」をするに値しないのです。

それがなければ**ただの「投機」、ギャンブルと同じこと**になります。「節約」も同様、明確な目標や具体的な数値がなければ、一か八かのギャンブルとたいして変わらない結果をもたらすことになるでしょう。

「節約」する前にやるべきこと

筆者は「節約したほうがいいですか?」と聞かれたら、間違いなく、「節約はするな」とお答えします。そうすると次に「では、何をしたらいいですか?」と問われるケースが多くあります。ただ切り詰めるだけの「節約」をするくらいなら、**まずは「お金」と向き合ったほうがいい、と答えます。**

第4章にて説明しますが、**自分自身のお金の価値観(価値判断基準)=「お金の自分軸」**、を明確にし、「お金」に振り回されない状態になることに注力したほうが良いと答えます。

「お金の自分軸」を明確にするには、人によって長い短いはありますが、やはり少なくとも3か月程度の時間を必要とします。**3か月間、自分自身と「お金」との関係についてちゃんと向き合い、自分自身と「お金」の関係を理解し、より良いものに変えていこうとする、その結果、意識が変わり、その後の行動が変わり「お金」に振り回されなくなる、振り回されにくくなるわけです。**一見遠回りのようですが、一度身につけて新たな習慣ができたならば、むしろそのほうが近道だったりするのです。

もし、何らかの目的と期日があって、それまでにいくら貯めなきゃいけない、という明確で具体的な事象があるのでしたら、「節約」するのも致し方ありませんが、そうでなければ闇雲に「節約」をするのはやめましょう。

ちなみに、セミナーやワークショップにて筆者自身に対して「節約していますか?」って聞く人がたまにいらっしゃいますが、その際には「節約は一切していません」と答えます。

実際、筆者は「節約」という行為は全くしておらず、**「無駄なモノは買わない、無駄だと思うことはしない、無駄かどうかを常に意識している」**と答えています。

筆者自身にとって、そのモノやサービスに価値があるかないかが基準なので、世間の人が言うような「節約」ではなくて、筆者自身がどう感じるか、自分が思った価値よりも高くて割に合わないと感じるような値段であれば買いませんし、価値を感じられれば買う、さらには、全く同じものであれば、安いほうを、安いところで買う、それだけのことです。もちろん付随費用や機会コストも考えて「安い」という意味です。

それでも「節約」したいのなら……

それでも、どうしても「節約」をしたいのであれば、次のようなやり方を試してみてください。

その前にまず、**いつまでに、いくら貯める、といった明確に数値化される目標を設定してください。曖昧な目標ではなく、期間と金額、を具体的に決めることが大事です。**

その上で、日々「お金」を使う際に、その行為がいくら「節約」しているか、具体的な金額を意識してください。「節約」できたであろう金額を、その金額を使ったものとして、貯金箱か別の財布に分けて残しておくのです。もちろん、

「節約」中にはその「お金」には手を付けてはいけませんよ。

例えば、いつもは1000円のランチを食べているとします。今日は1000円のランチを食べに行かず500円のお弁当を買ったとしたら、500円の「節約」になるわけです。そしてこの500円を貯金箱に入れておくのです。

もし、いつも買っているモノそのものを、買うのをガマンしたなら、そのモノを買ったら支払うであろう金額を貯金箱に入れておくのです。買ったつもり使ったつもりでその金額を貯金箱に入れる、ということです。

それ以外にも、小銭は全部貯金箱に入れる、といったことも追加でやられてみるのもよいでしょう。

要は**「節約した」と思った金額を、貯金箱という物理的にすぐに使うことのできない場所に分けて残しておくのです。**

そして、これを一定期間続けます。目標の期間でも途中経過でも構いません。1週間とか、1か月とか、そういった単位で続けてみてください。

目標の期間終了時や途中経過で開けてみるのも構いませんが、貯金箱を開けたとき、その中に入っている「お金」が「節約」の成果なのです。ガマンして「節約」した結果、その「お金」がある、ということです。金額がどうであれ、なんらかの成果がそこにあるはずです。

実はこの行為、「節約」という行為ではなく、「お金」を貯めているという行為なのです。

貯金箱の中身を増やすために「節約」しているわけです。そう考えるとストレスも軽減されるのではないでしょうか？

結果が伴わなくても……

ただ、一生懸命「節約」したのにフタを開けてみたら、思ったほど「お金」が貯まっていないという結果になる可能性もあります。ガマンして「節約」した結果、思うような成果が残せず不満が残った、という悲しい結末です。

そういった方は「節約」をしないほうがいい、ということかもしれません。頑張って「節約」したところで、溜めなくていいストレスだけ溜めて、肝心の「お金」が貯まらないのですから。頑張ったのに、成果が出ないと報われた気がしませんよね。そういう方は、**「節約」ではない方法で「お金」を貯める、もしくは「お金」を増やす、という行為に注力したほうが良いということです。**

「節約」といった「お金」を残すための、ほんの一面だけを見て行動する必要はないのです。

「お金」のいろいろな側面を知って、「お金」と上手く付き合い、自分らしい「お金」との接し方や「お金」の価値観（価値判断基準）＝「お金の自分軸」を明確にしていくことが、実は「お金」に振り回されない自分になるための近道なのです。

まずは次章で「お金」そのものについて学んでいきましょう。

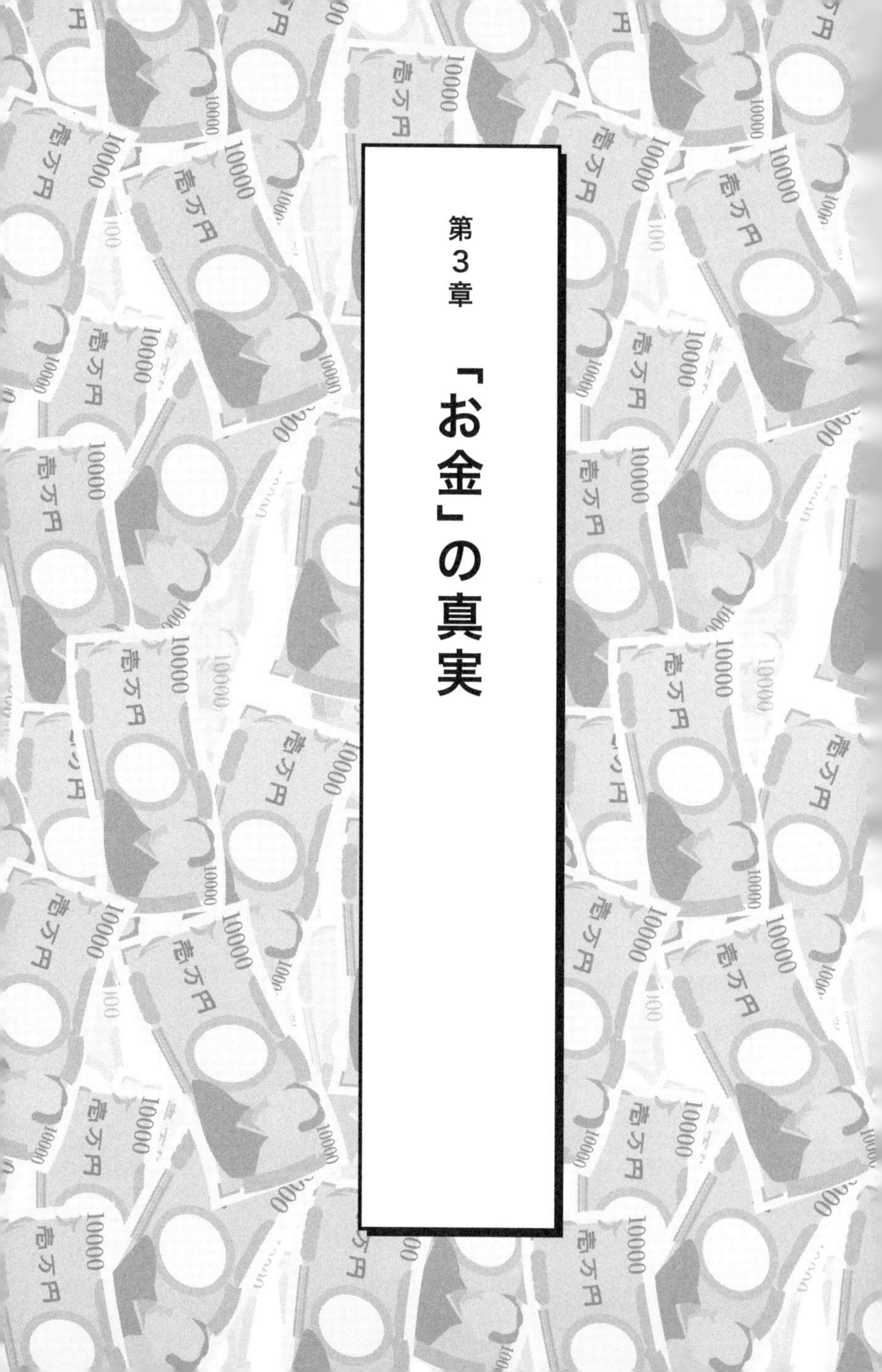

第3章

「お金」の真実

「お金」とは何か？

そもそも、「お金って何ですか？」

毎日当たり前のように使っている「お金」ですが、そもそも「お金」って何ですか？

「お金とは何か、小さな子どもでも理解できるように説明してください」

このような質問を、これまでセミナーなどを通じ、千人以上の人に伺いましたが、即答できる人はほとんどいません。厳密に言うと過去に2人だけ、ちゃんと言葉の意味を答えられた人がいましたが……それ以外の人はほとんど、すぐに答えることができず、かなりの時間をかけて、考えながら戸惑いながら、何とか無理矢理、自分の考えや意見を答えている、というのが実情です。それも不思議なもので、10人いれば10人違った回答が返ってくるという状況です。もちろん似かよった内容はありますが、一字一句同じ答えというのはありません。

これまであまり深く考える機会のなかった質問で、日々無意識に使っている「お金」について、わざわざその意味なんて気にすることがなかったのでしょう。でも、毎日使っている「お金」、ちゃんとその意味も知らずに使えてしまうのって不思議じゃないですか？

「お金」はなくてはならないもの？

質問に対する回答の中で系統的に多かったものとして、まず、「生活に必要なもの」「なくてはならないもの」「すべてではないけれど必要なもの」といった、必要性に関する答えが多く見受けられます。

確かに、みなさんが生活しているこの日本という国において、この資本主義社会において、基本的には何をするにも「お金」が必要で、日々「お金」というモノに対して必要に迫られて生活をしているということは、多くの人にとって疑いようのない事実ですよね。

他にも「命の次に大切なもの」とか「時間と同じくらい大切なもの」といった大切なものと考える返答も多く、「何かをするための手段・道具」といった答えもちょくちょく見受けられます。

なかには「使い方によって良くも悪くもなるもの」などといった答えもあり、人それぞれいろいろな考えがあり、聞いているこちらのほうがいろいろな意味で勉強させられることもあります。

いずれにしても、**「お金」について、人それぞれ、違った思いや考え、意味・定義づけがされている、ということには変わりがないのです。**

ほとんどの人が「お金」の意味・定義を知らない

では、ここであらためてお聞きします。

「お金って何ですか？」
「辞書で意味を調べたことがありますか？」

はい、先ほど「節約」のところでも辞書の意味・定義についてその必要性を説きましたが、今回もまた「お金」について辞書で調べたいと思います。

ちなみに、この質問に対して「ちゃんと調べたことがある」と答えた人は、先ほど同様に2人しかいませんでした。すぐに答えられたのは2人だけで、それ以外の人は、辞書で意味を調べたことがないのです。何度か筆者のセミナーやワークショップに参加されている方ですら、ご自身で敢えて辞書を調べた人がいないようで、何とも不思議な感覚を覚えたものです。

ここで何が言いたいかといいますと、まず、多くのみなさんが**「お金」についてちゃんとした意味や定義を分かっておらず、自分勝手な解釈や意味を持って生きている、ということ**なので

「お金」の意味、分かっていますか？

す。

人それぞれ意味や解釈が違うにもかかわらず、なぜか他の人と会話をするときには、同じものについて話をしている、つもりになっている人が多いということです。

親子でも兄弟姉妹でも、親友でも、同僚でも、夫婦でも、恋人同士でも、仕事でも、常に「お金」ということを避けて通ることは難しいでしょう。何をするにもまず「お金」がかかりますので、家族や親友といった親しい間柄でも「お金」について話題になることも多くあると思います。

問題は、そんな状況で多くの人が「お金」の意味・定義が異なったまま話をしている可能性が非常に高い、ということなのです。異なった理解のまま話をしたら、まとまる話も、まとまらなくなりませんか?

要は、実際のところ、意味や解釈が違っていても、意味や定義が同じだと思い込んだまま、同じ理解や認識で話をしたつもりになっているだけなのです。

こんな状況で話をしても、本当に意味が通じているのかどうか不思議ではありませんか？　最初からボタンを掛け違えているはずなのに、なぜか最終的な結論や行動が一緒になっていたりする（実際は、一緒だと勘違いしてるのですが）……とくに「お金」というものについては。

そこのところ、筆者は非常に疑問を感じています。

「お金（おかね）」と「金（かね）」は違う

そこで、敢えて辞書で意味・定義を調べてみるわけですが……。
辞書で調べても「お金」の意味は出てきません。

なぜでしょう？

お気づきの方も多いかと思いますが、「お金」って「金（かね）」に「お」がついているからです。

「お」、すなわち「御（お）」という文字ですが、こちらは敬語のひとつ、丁寧語の一種です。物事に対して、丁寧に敬意をもって表現するために「お」をつけているのです。

筆者がセミナーやワークショップなどでこの話をすると「なーんだ」とか「そんなくだらない理由」とか、そういった反応をする参加者がいます。もしかしたら、読者の中にも同じように感じた人がいるかもしれません。

しかし、本当に「お金（おかね）」と「金（かね）」は一緒ですか？「お金（おかね）」と「金（かね）」を全く同じ意味で使っていますか？状況に応じて無意識に使い分けしていませんか？

想像してみてください。

ここに1万円札が100枚、分かりやすく青い印のついた100万円の札束があるとします。

「このお金（おかね）、どんなお金（おかね）ですか？　どんな人のお金（おかね）ですか？　どこからどのように来て、この先どのように使われるお金（おかね）ですか？」目を閉じて少しの間、想像してみてください。

想像できましたか？

では次に、向こうのほうに赤い印のついた100万円の札束があります。

「この金（かね）、どんな金（かね）ですか？　どんな人の金（かね）ですか？　どこからどのように来て、この先どのように使われる金（かね）ですか？」目を閉じて少しの間、想像してみてください。

想像できましたか？

どうでしょう？　この２つのケースを想像してみて、どちらも全く同じ内容を想像できましたか？

これまで千人以上の方にこのような質問をお伺いしてきましたが、９割強の人たちが違うもの、別のものを想像していました。10人中９人が、違うものを想像しているのです!!

９割の人たちの想像したものを集約すると、こんな感じです。

「お金（おかね）」はきれいでクリーンでポジティブなもの、良いときに使うもの、
「金（かね）」は汚くてダークでネガティブなもの、悪いときに使うもの、といった具合です。

両者のイメージが全然違うのです。

「お金（おかね）」という場合は、「汗水たらして稼いだもの」「いい人の持っているもの」「寄付されたもの」などの回答が多く、その使われ方も、「大切に使うもの」「ちゃんと考えて使うもの」「寄付など慈善活動に使われるもの」など、良いイメージで肯定的な意味合いの回答がほとんどでした。

一方、後者「金（かね）」の場合は、「悪いことをして稼いだもの」「楽をして得たもの」「あぶく銭」「ギャンブルや犯罪などで得たもの」「人を騙して稼いだもの」「マネーロンダリング」などなど、ものの見事にネガティブな回答が多く、その使われ方も、「パーっと使う」とか、「豪遊する」とか、大切に使わないといった意味合いの回答が多く見受けられました。

つまり多くの人にとって、「お金（おかね）」と「金（かね）」は違い、別物として使い分けがされているのです。

「お金」に色はない

でも考えてみてください。

この「青い印のついた100万円の札束〝お金（おかね）〟」と、「赤い印のついた100万円の札束〝金（かね）〟」とを交換したらどうなりますか？

きれいな（と思い込んでいる）「青い印の100万円の札束」と、汚い（と思い込んでいる）「赤い印の100万円の札束」とを交換すると、物理的には、きれいな「金（かね）」としての「赤い印の100万円の札束」と、汚い「お金（おかね）」としての「青い印の100万円の札束」になるわけですが、この２つの「１００万円の札束」は何か違いますか？

ついている印の色は違っても実は同じ１００万円の札束です。１００万円分のモノやサービスと交換することができるのです。経済的な価値は何ら変わりがないのです。

もうお分かりでしょうが、そうです「お金」に色はないのです。「お金」自体には色などないのです。色をつけているのは、それを見ている人間なのです。

色があると思い込まされているのは、多くの

人が無意識のうちに勝手に自分たちの思い込みで「お金」に色を付けて、使い分けをしているからです。

「お金」に色はありません。出所がどうであれ「お金」は「お金」、大切に接しましょう！

ちなみに、「お金（おかね）」と「金（かね）」の違いがない1割弱の人たちは、どんな人たちかというと、帰国子女の人、日本に帰化した元外国人、実家が商売をやっている人、でした。

外国で育った人は、「お金（おかね）」と「金（かね）」を使い分けて生活してこなかったから、その違いはないのでしょうし、実家が商売をやっている人は、目の前のお客さんからいただく「お金」で日々の生活をしているため、「お金」を常に大切にする環境下で育ったのではないかと筆者は考えています。

無意識に刷り込まれている

多くの人は「お金（おかね）」と「金（かね）」を違ったものとして扱い、使い方を変えているわけですが、それは勝手に「お金」に色をつけているだけで、実は「お金」に色はないということをお伝えしました。

では、なぜ「お金（おかね）」と「金（かね）」の使い分けがなされるようになったのでしょう……？

「お金について、どこで学びましたか？」と聞くと、多くの人は、どこでも学んでいない、親や家族が使っているのを見て真似て使い方を知ったというのがほとんどです。

「お金」について体系的にちゃんと教育として学んだのではなく、自らが知らず知らずのうちに体得したものであり、それを良いも悪いも考えることなくこれまでの人生を歩んできたわけで、その使い方や考え方は、無意識のうちに刷り込まれて習慣化したものだったりするのです。そして、それを疑うことなく今なお生きている人が多いのが現実です。

「お金」は無意識のうちに刷り込まれた知恵や習慣で、それも親や祖父母の世代、もしくはもっと古い時代の祖先たちから引き継がれているものなのです。

もしかすると百年以上も昔の知恵や習慣を、その当時良かったかどうかは分かりませんが、その古い知恵や習慣を2021年現在、無意識のうちに踏襲しているの可能性があるのです。

ことわざからも分かる、間違った刷り込み

その証拠に、というわけではありませんが、ここで「お金」という言葉のつく「ことわざ」を挙げてみましょう。当然のことながら「おかね」のつく「ことわざ」はなく、すべて「かね」という表現になっているものばかりですが、「時は金なり」「金は天下の回りもの」以外の「ことわざ」で意味が肯定的なものがほとんど見当たりません。

いつまでもあると思うな親と金

親と金はいずれなくなるものだ。

金があれば馬鹿でも旦那

お金を持っていれば周囲が持ち上げてくれる。

金がものをいう

意味 大抵のことはお金の力で何とかなる。

金なき者は金を使う

意味 お金のない人は、お金を持てばすぐに使ってしまう。無駄遣いが多い。

金に糸目をつけず

意味 糸目とは、縫い糸の端に作る玉のこと。糸目がないと縫ってもすぐ糸が抜けてしまうことから、有り金すべてといった意味。

金の貸し借り不和の基

お金の貸し借りが人間関係のトラブルの始まり。

金の切れ目が縁の切れ目

意味 金銭面の利益がなくなれば人付き合いもなくなるものだ。

金は三欠くにたまる

意味 お金は、義理・人情・交際の３つを欠くくらいでないと貯まらないものである。

金は不浄に集まる

意味 不浄とは清らかでないこと。お金は欲望の象徴でもある。

金を貸せば友を失う

お金の貸し借りは大事な友だちをも失うことになる。

先だつものは金

何をするにも、まずお金が必要といった意味。

成るも成らぬも金しだい

意味 できるかできないかはお金が有るかないかで決まる。

どうでしょう? 良いイメージを抱いた「ことわざ」はありましたか?

というより、どれも、ものの見事にネガティブな意味合いのことわざですよね。「金(かね)」に対するイメージを敢えて悪いものにしよう、わざとネガティブなイメージを刷り込もう、としているのでないかと疑いたくなるくらいです。

もちろん、すべてがすべて、必ずしもネガティブで「悪い」という意味合いで使われるわけではないのですが、どれも肯定的で「良い」ことを例えるときに使う表現とは言い難いですよね。

「ことわざ」とは、「昔から人々の間で言いならわされた、風刺・教訓・知識・興趣などをもった簡潔な言葉」（大辞林）です。

日本人がこれまで、いかに「金（かね）」について肯定的ではないイメージを持って生きてきたのか、「金（かね）」に対して否定的なイ

メージを植えつけられてきたか、が「ことわざ」を通じても分かるような気がします。

日本人の美徳のひとつである「清貧」といったことも、実は、国や権力者に刷り込まれていることかもしれませんし、国民に「清貧」を植えつけるために「ことわざ」として人々の中で口承されてきたのかもしれません。

「清く貧しく」、いい言葉のように聞こえますが、筆者は後半の「貧」の部分については賛同しかねます。「清く富む」のほうがよっぽど健全な気がしてなりません。

「お金」は習慣である

あなたは、そんな古い時代の考え方や習慣をこの先もずっと持ったまま生きていきたいですか？　古い時代遅れかもしれないような習慣を、これからも続けていかなければならない理由はありますか？

もし、「お金」について、今あなたが持っている考え方や習慣に満足しているのでしたら、どうぞ、そのまま続けてください。

でも、もし、「お金」について、今の考え方や習慣に自信がなかったり、不安があったり、満足してなかったりするのであれば、その考え方や習慣を変えてみてはどうですか?

「お金」は習慣です。

習慣は簡単に変えられるものではないのも事実です。今日変えようと思ったから明日からすぐできるというものではなく、意識して時間をかけて少しずつ変えていかなければなりません。

ただ、何もしないより、少しでも「何か変えよう」「変えていこう」と意識することが非常に大切です。意識して繰り返し行動することで新たな習慣となっていくからです。

まずはちょっとしたアイディアでも工夫でも構いません。小さな一歩、何か今から始められて続けられるようなことを考えて、行動に移してみてください。

きっと何かが変わるはずです。

ここで筆者の知っているお金持ちの方が、お金持ちでなかった頃にやり始めて、今もなおやり続けている知恵を紹介します。

その方のお財布は長財布なのですが、「お金」を取り出そうと開いてみると「投資?　消費?　浪費?」と書かれた付箋が貼ってあるのです。レジで「お金」を払うときに財布を開けると、今買おうとしているものが、自分にとって投資なのか、消費なのか、浪費なのか、を毎回問われるという工夫です。

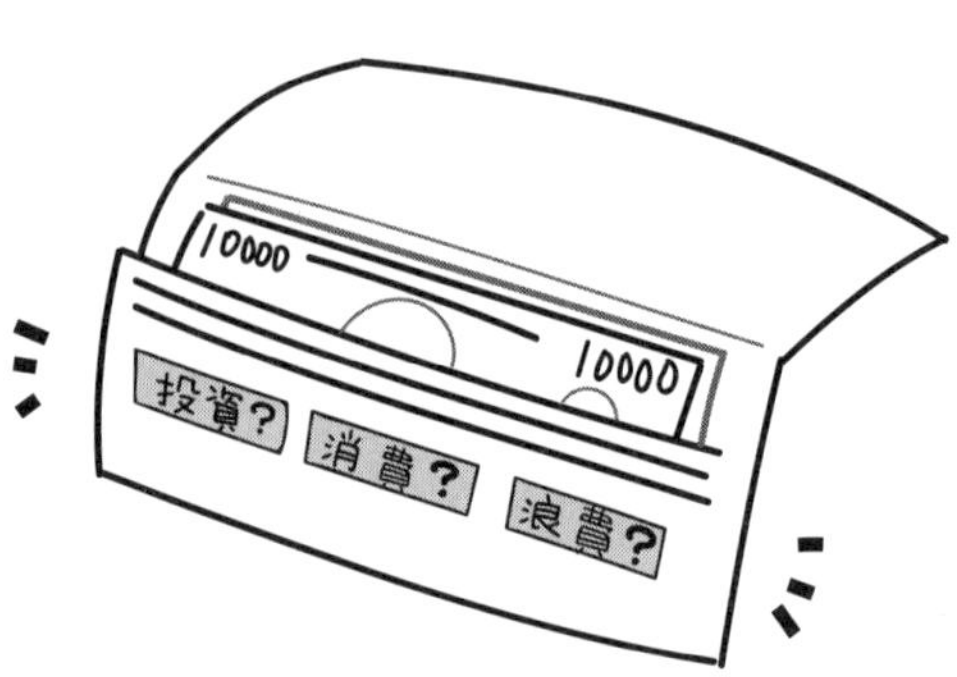

「お金」の使い方が変わる知恵

最初のうちは、レジに並んで、店員さんに金額を言われるまでお財布を開けなかったので、いざ「浪費」と思っても、買わざるを得ない状況が続き苦い思いをしたそうですが、そのうちに商品を手に取ったときに「投資？　消費？　浪費？」と自問するようになり、「お金」の使い方が大きく変わったとか。

ちなみにその方と後日お会いしたときに、付箋ではなくテプラで作った「投資？　消費？　浪費？」のシールが貼ってありました。

こんなちょっとした工夫ですが、継続することで習慣が変わるのです。

「お金」を辞書で調べると……

「お金って何ですか？」と問いかけたまま、実はまだその答えをお伝えしていなかったのですが……、そろそろ「お金」について本題に入っていきましょう。

「お金（おかね）」で辞書を調べても意味が出てこない、というのは前述した通りです。では「お」を取り除いて、「金（かね）」としての意味を辞書で調べてみますと……。

「金銭」と出てきます。じゃあ、今度は「金銭って何？」となりますので、次に「金銭」の意味を調べると、今度は「貨幣」と出てきます。じゃあ今度は

「貨幣って何？」ということになります。

「貨幣」には「紙幣」と「硬貨」がありますが、恐らく我々日本人が「お金」について話をするときに、日々使っているこの「貨幣」というものが、目に見えて触れるもの、すなわち、一番分かりやすくしっくりくる「お金」の形態ではないかと思われます。

最近では「暗号通貨」といったものも存在して、「お金」の役割を果たすものの種類は増えていますが、それらもいざ使おうとすると法定通貨である「貨幣」に換算されますので、この先は、「お金」＝「貨幣」で話を進めていきたいと思います。

貨幣としての「お金」の意味

広辞苑や大辞林といった日本を代表するような辞書において「貨幣」の意味は、だいたい以下のような内容となります。

「商品交換の媒介物で、次の３つの機能を持つもの」

では、この３つの機能、お分かりになりますか？

みなさんが毎日のように使っている貨幣としての「お金」、３つの機能が備わって初めて「お金」になるのですが、セミナーなどで質問しても、ほとんどの人はその機能を答えることができません。

現に、これまでセミナー参加者をはじめ千人以上の方にこの問いかけをしてきましたが、3つともすぐに答えられた人は先の2人しかいません。

辞書の意味というのは、恐らく日本国民にとってある種共通の見解を持つような意味を記している書物であり、多くの人と共通の認識を持つという意味においても、非常に重要な定義と考えられますが、「貨幣」＝「お金」についての意味をほとんどの人が答えられないのって不思議ですよね。

理由は簡単、「お金」について学んでいないからです。

誰も体系的な教育を受けてこなかったから、すなわち、感覚的に習慣的に体得しただけで、ちゃんと学んで考えることをしてこなかったからです。

「お金」の3つの機能

ということで、「お金」の3つの機能ですが、**「価値尺度」「価値交換」「価値貯蔵」**となります。

「価値」を計ることができる、「価値」を流通・交換することができる、「価値」を保存することができる、の3つです。当り前と言えば当り前のことですが、ほとんどの人が答えられません。普段何気なく使っている「お金」、これらの機能があるものだということを、あらためて気づいてほしいと思います。

ほとんどの人にとって、まさに「知っているようで意外と知らないこと」なのです。**「お金」を知る・学ぶということは、まず「お金」が何なのか「お金」そのものを知ることが重要なのです。**

この「お金」ですが、３つの機能を持ったもの、というのは分かっていただけたかと思いますが、実際みなさんが日々目にする「お金」というのは、電子マネーや「暗号通貨」を別とすると、日々お財布の中に入っている紙幣や硬貨だったりします。

これらは、この３つの機能が備わったものに、日本という国（正確には、紙幣は日本銀行、硬貨は財務省）が保証してくれているもの、であると言えます。

「機能」の上に保証がある

1万円札でも1ドル札でも、世の中いろいろな通貨がありますが、これらはすべて日本やアメリカといった国や権威のある公的な機関がそれを保証してくれるから価値があるのであって、ただの紙切れに1万円とか1ドルと記載しても何の価値も生じません。つまり「お金」とは「数字が記載された紙切れやコイン、そこに国や権威のある公的な機関の保証があるもの」でしかないのです。保証がなければただの紙切れやおもちゃのコインと同じなのです。

現に、おもちゃやイミテーションで1万円札にそっくりなものがあります。大きさも同じ、色も何となく似ている、構成はほぼ同じ、そんなおもちゃのお札があるのですが、どうでしょう？　これが道端に落ちていて、それをぱっと見たときに、一瞬「1万円札かも!?」って思ったりして振り返ったりしませんか？

人によっては二度見、三度見をするのではないかと思いますが、ただのおもちゃの紙切れと分かった瞬間、「なーんだ」って思う人がほとんどじゃないかと思います。

これはまさしく「お金に振り回されている状況」なのです。

筆者も悲しいかな、おもちゃかどうか分からず振り返って見てしまう自信があります。まだまだ、修業が足りませんね（笑）。

いずれにしても、みなさんが日々当たり前のように接している「お金」ですが、「価値尺度」「価値交換」「価値貯蔵」という3つの機能を備えた紙切れやコインで、そこに国や権威ある公的な機関が保証を与えているものでしかない、ということです。

夢の国の「お金」

余談ですが、アメリカには「ディズニードル」という夢の国の中で流通している「お金」があります。これはロサンゼルスやフロリダにあるディズニーのテーマパーク内で使える「お金」で、アメリカドル1ドルと「ディズニードル」1ドルが等価交換されています。この「ディズニードル」、これも立派な通貨です。

夢の国が保証してくれている「お金」ですが、この夢の国を運営するウォルト・ディズニー・カンパニー社（The Walt Disney Company）の格付けは、Ａマイナス（スタンダード&プアーズ／２０２０・４）で、東南アジア諸国の国債の格付けよりも高かったりします（タイですらＢＢＢプラス、ベトナムではＢＢ・スタンダード&プアーズ／２０２０・４）。どちらのほうが信用の高い通貨か、と言われると「ディズニードル」なのかもしれませんね。

「お金」は信用である

「お金」は「信用」と同じような性質を持っています。どちらも構築するのに時間がかかり、失うのは一瞬である、ということです。

まず信用ですが、他人から信用を得るのには非常に時間がかかりますよね。人間関係において、今日出会ってすぐ信用を得るということはなかなかありません。時間をかけて、いろいろな時間を過ごしたり、共通の体験をしたり、その人の考えや行動を見たり聞いたりして、信用できるかどうか判断していきます。

ただ、時間をかけて構築した信用も、ときとして一瞬で失うことができます。裏切ったり騙したり、嘘をついたりすることで、一瞬で失ってしまう。そして、失った信用はそう簡単に回復することはできない、そういった性質のものであります。

「お金」も同様です。貯めるのには時間がかかります。通常の人は、働いてお給料をもらったり、自分で何か仕事をしてお客さんから報酬をもらったりして「お金」を手に入れ、その中から貯蓄にまわしていきます。

稼いだ「お金」がまるまる貯められるわけではなく、生活やプライベートなど必要な「お金」を使った残りの部分が貯まっていくわけです（最初に貯蓄する人もいますが、基本は収入－支出＝貯蓄となります）。

しかし、使ってなくなってしまうのは一瞬です。大きな買い物をした、家でも、車でも、貴金属でも、高級な腕時計でも、海外旅行でも、使ってしまえば一瞬で「お金」はなくなるのです。

筆者も若かりし日に経験がありますが、コツコツ何年もかけて貯めた「お金」が数百万円ありましたが、仕事を辞めて無職の生活が3か月続いただけで、貯金の金額が一気に3分の2以下に減ってしまいました。つまり、その生活をその先続けていくと、あと半年で貯金が底をつきる計算になります。恐怖以外の何ものでもありません。

「お金」はただ貯めるだけじゃダメなんだ、ということを学んだのも、この経験があってのことですが、やはりあの恐怖体験はもう経験したくないですね。

信用と「お金」は違う

先ほど「お金」と信用が同じだと言いましたが、もちろん違う部分もあります。

ある著名な方が言っていましたが、一旦信用を失うと回復するには、その倍の時間がかかる、と。つまり3年かけて築いてきた信用は、一旦失うと回復するのに6年かかる、ということです。

ある意味これは的を射ている発言ですが、「お金」はコツコツ3年かけて貯めた「お金」をパーッと使っても、次にその「お金」を貯めるのに倍の6年はかからないと思います。

「お金」は貯めるコツをつかめば、一度使ってしまっても、その後、倍の時間はかからず、同じか、むしろ以前よりも短い時間で貯めることができるでしょう。なぜなら、人間は学習する生き物なので、自分自身が成長すれば、前回よりも上手に貯めることができるからです。

「お金」は信用のように、他人の意思に依存するものではなく、自分自身の意志で何とかできるものだからです。

そういう意味では、**「お金」は信用であるけれど、信用が「お金」ではない、**

ということです。「お金」自体は信用に似ている部分もあるし、信用を生むことができるけれど、信用は必ずしも「お金」ではなく、必ずしも「お金」を生むものでもない、と言ったほうが分かりやすいかもしれません。

次章以降、これまでお話ししてきた「お金」というものと、どうやって付き合っていくのがいいのか、その人らしい生き方をするための考え方についてお伝えしたいと思います。

第4章

「お金の自分軸」とは

「お金」に対する価値観

読者のみなさんもご存じの通り、人の価値観というのは、人それぞれ異なります。

親子でも、夫婦でも、兄弟でも、親友でも、誰一人として全く同じ価値観を持ち合わせている人はいません。もちろん価値観の似ている人というのはいますが、100%すべてが同じということはなく、ちょっとしたところで、必ず何かが違っているはずです。

同様に、人の「お金」に対する価値観（価値判断基準）もみんな違っていいます。親子でも、夫婦でも、兄弟でも、親友でも、みんな違う「お金に対する価値観」を持っているのです。

個々の人が持ち合わせている「お金に対する価値観（価値判断基準）」、筆者はこれを**「お金の自分軸」**と言っていますが、「お金の自分軸は十人十色」、全員違うのです。誰一人として、全く同じ「お金の自分軸」を持ち合わせている人はいないのです。まずは、そこを理解するところから始めましょう。

ちなみに、大辞林における価値観の意味・定義は「いかなる物事に価値を認めるかという個

お金の自分軸は人それぞれ

人個人の評価的判断」となっています。

「お金の自分軸」とは

「お金の自分軸」とは、簡単に言うと、金銭的な意味合いも含めて、『**モノやサービスに対して、その値段を支払う、もしくは受け取る「価値」があるかないか、という、個々の人間に備わっている、個々の人間が大事にしている、もしくは大事にしたい価値判断基準**』のことを言います。

一般的に理解される価値観というものにプラスして、常にそこに「お金」の価値判断基準を取り入れて考えること、と言ったほうが分かりやすいかもしれません。

そしてこの「お金の自分軸」というものは、他の誰かにとっての価値ではなく、その人本人、その人自身にとっての「価値」の有無や判断基準を意味するのです。

例えば、あなたが仲の良いお友だちとランチを食べに行ったとしましょう。そのお店でお友だちと同じ１０００円のランチを注文し、同じように食べたとします。これって、よくあるシチュエーションですよね。みなさんも１０００円かどうかは別として、同じような経験があるかと思います。

さて、この１０００円のランチを食べ終わってみて、どうでしょう？お友だちは大満足で、「１０００円でこんなにボリュームがあって、美味しいランチ、お得だよね！」などと言うかもしれません。しかし、あなたはお友だちと全く同じことを感じますか？

もし、その1000円のランチに、あなたの大嫌いな食材がふんだんに使われている料理が出てきたら、あなたはそれに対して大満足、お得、などとは決して思わないでしょう。むしろ、不快な思いをしたり、損した気分になったりするかもしれません。そのランチに1000円の価値があったと感じますか？

恐らくお友だちにとっては1000円の価値、もしくは、それ以上の価値があったのかもしれません。しかし、あなたにとっては、1000円の価値どころか、その半分もない、下手したら「お金」を返してもらいたいくらいだ、と思うかもしれませんよね。

個人個人、好みの違いによって、モノの価値というのは変わるということです。

ちなみに筆者は、昔からずっと生椎茸が嫌いです。最後に食べたのは友人に誘われて、銀座にある串揚げ屋さんでランチをしたときです。何品か出てきたあとに、串で揚げられた生椎茸、それも肉厚で、真ん中に十字の切り目が入っているのが見える、いかにも生椎茸を揚げたってものが出てきました。

筆者としたら見た瞬間に「うっ‼」ですよ。あのビジュアルも嫌なのですから……。それでもそのときは無理して食べました。好き嫌いが許されない環境で育ったので、子どもの頃は無理矢理食べさせられていましたし、親からは「食べ物を残してはいけない」と躾けられたこともあり、大人になってからも残さずちゃんと食べていました。

しかし、今はもう食べません。生椎茸を食べることに何ら価値を見いだせないし、食べると不愉快で気分が悪くなる。気持ちが悪くなるくらいなら、食べないほうがまし。出てきたら、生椎茸が好きな人に食べてもらえばいいのですから。
ちなみに、シメジやエノキなど、他のキノコ類は結構好んで食べるんですけどね。

「お金の自分軸」は十人十色

人それぞれ好みや、好き嫌いがあります。それは何も前述のような食べ物に限ったことではなく、服、時計、アクセサリー、といった身につけるモノから、車などの乗り物や、国や行きたい場所・住みたい場所や家、他にも、色、形、音、匂い、と言い出したらキリがありません。

すべてのモノやサービスを買うとき、それを選択するときには、何らかの自分自身の思いや考え、趣向を取り入れて決断しているのです。

つまり、**人それぞれ何らかの行動をする時点で、その人本人の価値観があるわけです。**それは十人十色、全員違うのです。ちなみに「何もしない」「行動しない」ということも、「しないこと」をひとつの選択肢として選んだ、という行動なのです。

一般的に言う「人の価値観」に対して、「お金の自分軸」は、「お金」という数値化された、誰にでも分かりやすい物差しを使うことで、その違いがより明確で明白になってくるのです。

そういった意味においても、**「お金の自分軸」は十人十色、**なのです。

そもそも「価値」って何？

ここまで、「お金」について、いろいろとお話ししてきましたが、そこでたびたび出てくるのが「価値」という言葉です。「価値」、よく口にする言葉ですが、意外と「価値」の意味って曖昧だったりしませんか？

「お金」の話をするにあたって、この「価値」という言葉は避けて通れません。

「お金」とは何か？　覚えていますか？

辞書の意味はこうでした。「お金（貨幣としての「お金」）」とは、「価値を計る（価値尺度）」「価値を交換する（価値交換）」「価値を貯蔵する（価値貯蔵）」の3つの機能を備えた媒介物のこと。3つの機能すべてに共通して「価値」を○○する、と言っているのです。「価値」を○○できるものが、すなわち「お金」（貨幣）なのです。

ですので、そもそもの「価値」というものについて、曖昧な状態であるのはさらなる誤解をまねく可能性が高いので、今ここであらためて考えてみることにしましょう。

「価値」の意味・定義

「価値」の意味ですが、「お金」の意味と同様に辞書の意味・定義を調べてみ

ると……、

①物がもっている、何らかの目的実現に役立つ性質や程度。値打ち。有用性。「―ある品物」「―を損なう」「言及する―もない」〔幕末までは「価直（かちょく）」が用いられた〕

②《哲》善きもの・望ましいものとして認め、その実現を期待するもの。内在的なもの・手段的なものなどに分かれるが、特に、真・善・美など、普遍妥当性をもった理想的・絶対的価値をいう。

③《経》商品の価格の背後にあって、それを規定しているもの。その本質・源泉のとらえ方によって客観価値説（労働価値説）と主観価値説（効用価値説）とが対立する。〔この語は price の訳語のひとつとして「英和記簿法字類」（1878年）に、また value の訳語として「附音挿図英和字彙再版」

〔1882年〕に載る〕

以上、大辞林では、前記の3つに定義が記されています。

どれも「なるほど」というか、「そんなの知ってるよ」というような当たり前のことが書かれているかもしれません。ですが、この3つの意味・定義の使い分けができていますか？　というよりも他人と話をしているときに、全く同じ意味で「価値」という言葉を使っているでしょうか？　恐らく違うと思います。ある人は②の意味を、別の人は③の意味をというようなシチュエーションをよく見かけますから。

ここで今一度、「価値」の意味・定義を考えてほしいと思います。

①の定義は、恐らくみなさんが普段何気なく使っている意味で、しっくりく

ると思います。漠然とした広義での意味合いで、何となく使っている定義ではないでしょうか？

②の意味は、意識してないけれど、倫理的・道徳的な意味合いで、なるほど、そういう使い方もするなあ、と感じるのではないでしょうか？　よく上司や年配の方などが、部下や若年者に語るときにこの定義で話していることがあるかと思います。

では、③の意味、ちょっと分かりにくいかもしれませんが、今は「お金」の「価値」について考えていますので、この意味「商品の価格の背後にあって、それを規定しているもの」が、一番関係性が深いと考えられます。

「お金」を考える上での「価値」の意味・定義

大辞林による「価値」の定義は、前述の通り3つの意味がありましたが、「お金」について考える上での「価値」の意味・定義は、3つ目の、「商品の価格の背後にあって、それを規定しているもの。その本質・源泉のとらえ方によって客観価値説（労働価値説）と主観価値説（効用価値説）とが対立する。」

と、ここでは考えたいと思います。

さて、この意味ですが、後半の文章に「客観価値説と主観価値説が対立する」とありますが、みなさんこの2つの違い、分かりますか？

客観価値説と主観価値説、一瞬、あまりにも堅苦しく、抽象的な表現なので、何だか意味が分からなくなりそうですが、筆者の考えではありますが、簡単に説明すると次のような理解になるかと思います。

「客観価値」とは

「客観価値」とは、誰にとっても同等の「価値」と考えます。

例えば、「千円札」、野口英世が写っているこの「千円札」は、偽札でない限り、誰にとっても1000円の価値があり、1000円のモノやサービスと交換することができます。

先ほどのランチですが、お友だちが行っても、あなたが行っても「千円札」1枚で同じ1000円のランチを食べることができるのです。

そういう意味で、この「千円札」は客観的に「価値」があると言えます。人の主観によらない、「誰が見てもそうだよね」と言えるものが「客観価値」と言えるでしょう。

「主観価値」とは

一方、**「主観価値」とは、人それぞれ違う「価値」と考えます。**

「千円札」を持って何か買い物をしたとき、買ったものの「価値」は、買った人それぞれにとって違う「価値」をもたらすということです。

先ほどのお友だちとのランチの例にもあった通り、お友だちと一緒に同じ1000円のランチを食べたとしても、あなたにとって嫌いな食材で美味しくなかったのであれば、例えお友だちは満足して1000円以上の「価値」を感じていたとしても、あなたには1000円どころか、タダでもいらないくらいの「価値」、すなわち、全く「価値」がない、ということにもなりますよね。

同じ1000円のランチでも、食べる人にとって「価値」があるかないかは異なる、ということです。

これが「主観価値」すなわち、主観的な「価値」の捉え方なのです。お友だちにとって、その1000円のランチは値段以上の「価値（主観）」があるのかもしれないけれど、あなたにとってお友だちと同じ「価値」はなく、むしろその1000円のランチは全く「価値がない」のです。

この「客観価値」と「主観価値」ということが、「お金の自分軸」を明確にする上で、非常に重要な考え方となります。

世の中「主観価値」だらけである

世の中には、「客観価値」と「主観価値」が混在しています。その違いを明確に知ることが、非常に大切なことなのですが、実は、この世の中において、誰かが何かを口に出した瞬間、そのすべての物事が「主観価値」になると言っても過言ではありません。

すなわち、世の中ほとんど**すべて誰かの「主観」で動いている**、のです。

というのは、誰かが何かを発した瞬間、その言葉は、その人の意見を反映しているからです。「客観価値」すなわち「客観的な事実」、ではなく、「主観価値」すなわち、発言している人の「主観的な意見」、だったりするのです。

その証拠に、テレビでも新聞でもインターネットのニュースでも、同じ事件を報道しているときに、いくつか違う媒体や別のテレビ局や新聞社のものを比較してみると、全然違った報道の仕方をしていることがよくあります。

ひどいときには、事件そのものが、事実ではなく歪められた内容、すなわち、テレビ局や新聞社などの発信者の「主観的な意見」が、あたかも「客観的な事実」のように伝えられているのです。

昨年から世間を騒がせているコロナ騒動などはまさにその典型でマスコミの「主観的な意見」があたかも真実（客観的な事実）のように報道されているのです。

他人の「主観価値」に振り回されている

スーパーマーケットの「大安売り」といったチラシを見たり、お店の人の声を聞いたりして、「安い」って思ったことはありませんか?

メールで届いた広告や、SNSで表示される広告、インターネットの通販サイトなどで、○○記念の特別価格、とか、○○%引き、とか、「今がチャンス」とか、そういう広告を見て、思わず注文してしまったことってありませんか?

果たして、その商品、本当に安いのでしょうか? 本当にお買い得なのでしょうか?

筆者は、全くそうは思いません。

「安い」とか「お買い得」とか「今がチャンス」とか言っているのは、あくまでも広告主であるお店であって、そのお店の人たちの「主観」でしかありません。何とか買わせようとして、あの手この手を使って「安さ」や「お買い得感」を強調しているだけなので、「客観的な事実」ではありません。「安い」かどうか、「お買い得」かどうかは、買い手であるあなたが決めることなのです。

買う人にとって、「値段以上の価値」を見いだすことができるのであれば、それは「安くてお買い得」な買い物になるでしょうし、「値段相応」なら決して「安く」もなく「お買い得」でもなく普通の状態です。

ましてや、「値段以下の価値」しか感じられないのであれば、それが例え1

00円であったとしても「高い」買い物になるのです。なぜなら、買った人にとって全く「価値」がない、ということは、「お金」をドブに捨てる行為に等しいからです。

買う人にとって、いらないもの、使わないもの、役に立たないものは、金額の大きさに関係なく全然「安くない」のです。

一昔前、某野球球団が優勝して、その球団の親会社が運営する通販サイトにて優勝記念セールということで、大安売り、〇〇割引き、などと大々的に宣伝し、ちょっとした社会問題になったことがありました。

いかにも大幅な値下げでお買い得感が満載なキャンペーンだったのですが、実は、セールを開始した時点で、値引きする前の元の値段をセール開始前の通常の価格よりも値上げしていて、実際の販売価格が全然安くなっていなかった、という社会問題が起きました。

筆者が当時、実際に調べた中には、セールで値引きしたあとの価格が、セール前の販売価格になるよう元の価格を値上げしていた業者も、数多く見受けられました。

このときのセールで買い物をしてしまった人は多かったと思いますが、まさに他人の「主観的意見」を「客観的事実」として間違えて捉えて行動してしまった典型的な例かと思います。

高い・安いで判断してはいけない

某野球球団の優勝記念セールの例に限らず、実際、他人の「主観的意見」を「客観的事実」として捉えて行動してしまう人が多いのも事実です。

「主観（的意見）」と「客観（的事実）」の違いが曖昧で、常に人の「主観（的意見）」に振り回されている人が、残念ながら世の中に多く見受けられます。

その傾向が強い人の特徴として、金額の大きさだけで「高い」「安い」の判断を下してしまうことが挙げられます。１００円だから「安い」、１００００円だから「高い」というような考えをしてしまう人です。

自分にとっての100円の価値、10000円の価値基準が明確でない人、すなわち「お金の自分軸」が明確でない人、なのです。基準があるとすると、その金額が、その人の収入や使える金額に対する割合が大きいか小さいか、といったことくらいで、金額そのものにしか反応しないという点で、たいした意味はないのです。

1000円のランチを例に考えてみましょう。
普段1000円のランチを食べている人がいるとします。その人の仲良しのお友だちが、「5000円のランチを食べに行こう」と言ったとします。どうでしょうか?

もしその人が、価値基準の明確でない人、「お金の自分軸」が明確でない人だったら、こう考えるでしょう。

いつものランチは1000円なのに、その5倍の5000円なんて「高い」と、金額そのものに反応して、「高い」という判断を下すことになるでしょう。

でも、本当にそうでしょうか？　もし、そのランチが、その人にとって憧れの人（著名人でも芸能人でも尊敬している人でも構いません）と一緒に食べることができたら、夢のような楽しい時間が過ごせるとしたなら、もしくは、その先のその人の人生を変えてくれる学びや素敵な人との出会いがあったら、その5000円のランチは「高い」ですか？

「高い」「安い」だけで判断していませんか？

決して「高い」ものではないですよね。むしろ５０００円で夢や願いが叶うなら、５０００円で人生が好転するなら、むしろ「安い」ランチじゃないでしょうか？

つまり、「高い・安い」といった単純な金額の大小で判断するような基準ではなくて、**本人にとって「価値がある・価値がない」という本人の価値観、「お金の自分軸」に基づいた判断基準が非常に大事**なのです。

「お金の自分軸」が確立されていると

「お金」に関する価値基準が明確な人、すなわち「お金の自分軸」がしっかりとできている人は、その人にとって「価値がある・価値がない」の判断基準が明確なため、他人や他人の「主観的意見」に振り回されない、もしくは、振り回されにくくなります。

自分にとってどうなのか、常に考えて行動することで、安易に人の意見に左右されないからです。結局それは、「お金に振り回されない」もしくは「お金に振り回されにくい」状態ということにもつながるのです。

「お金の自分軸」が確立されると、まず無駄遣いがなくなるでしょう。自分にとって「何が有用で、何が無駄か」が分かると、無駄なものに敢えて好んで「お金」を払うということにはならなくなるからです。

また、自分の目指したい理想の未来に向けて、より効果的・効率的・計画的に「お金」を使うことができるようになるでしょう。これから自分の使う「お金」について、明確な価値判断基準をもって向き合うことができるので、夢や目標、目指したい未来があれば、そこに向かっていろいろと創意工夫して「お金」を使うことができるからです。

そして何よりも「お金の自分軸」が明確な人は、「高い・安い」の判断ではなく、**本人にとって「価値がある・価値がない」という判断基準で「お金」を使うことができる**のです。

常に価値判断基準は自分自身にあって、他人の主観的意見は、あくまでも参考にしつつ、自分自身の明確な「お金の自分軸」というブレない軸を持って決断・行動ができるからです。

「お金の自分軸」が明確な人

「お金の自分軸」が明確な人は、ときとして、ケチに見えたりもします。

「みんなが買っているから買おうよ」と言われても、本人がそこにそれ相応の「価値」を見いださなければ買わないでしょう。それがたとえ100円のものであっても、です。

100円くらいなら誰でもすぐに出せそうな金額ですが、その人にとって100円かそれ以上の「価値」を見いだせないのであれば買わないだけなのです。そういう姿がケチに映るのかもしれません。

また「お金の自分軸」が明確な人は、ときとして、「無駄遣い」や「贅沢」をしているようにも見えたりします。

高価なものを買ったり、高いサービスを受けたり……。でもその人にとって有用で、その値段以上の「価値」が見いだせるなら、その高いと思われる金額のものやサービスに対して問題なく「お金」を払うわけです。

高級なレストランに行ったり、高級な時計を買ったり、高額なセミナーに行ったり、でも、それはその人にとって何らかの「価値」があるのですが、端から見ている人にはその「価値」が分からないので、「無駄遣い」やただの「贅沢」に映ってしまうのでしょう。

「お金の自分軸」が明確な人は、自分自身にとって「価値」を見いだせないものには1円も払わない、「価値」があると思うものにはいくらでも「お金」を出す、という明確な判断基準を持ち合わせた人なのです。**金額そのものに振り回されない、すなわち、「お金に振り回されない人」**なのです。

あなたもぜひ、あなた自身の「お金の自分軸」を明確にし「お金に振り回されない人生」を歩んでほしいと思います。

世の中、人の「主観価値」、すなわち「主観的な意見」だらけです。他人の「主観価値」に振り回されず、あなたにとって「価値がある・価値がない」の判断基準で日々過ごすことができれば、まず無駄遣いが減り、今よりも「お金に振り回されないあなた」がそこにいるはずです。

次の章からは、どうすれば「お金の自分軸」を確立できるか、そして、「お金の自分軸」を活かして、より良い人生を歩んでいくための方法をお伝えしていきます。

第5章

「お金の自分軸」を確立する

ほとんどの人が分かっていない「お金の自分軸」

これまで何度もお伝えしてきましたが、人それぞれ価値観が違うように、「お金」に対する価値観、「お金」に関する価値判断基準、すなわち「お金の自分軸」は十人十色で、全員違います。一人として同じ人はいないのです。

ところが、**残念なことに、「お金の自分軸」が明確でない人がほとんどです。**

一般的に言われる価値観はちゃんと持ち合わせていても、こと「お金」に関して言うと、無頓着だったり、触れないようにしたり、フタをしてしまっている人が多いのです。

これまでセミナーやワークショップを通じて多くの人に接してきましたが、ほとんどの人が「お金の自分軸」が明確でなく、よく理解できていません。数値（金額）でご自身を把握している人は、ほぼ皆無に等しい状況です。

一般的に人は、毎日朝から晩まで、何らかの「お金」を使って生活をしているわけですが、使った「お金」について、ちゃんと自分自身で説明することができないのです。何となく、無意識のうちに、習慣的に、深く考えることなく、「お金」を使っているのです。

そういった人たちは、常に「お金」に対して不安を感じていたり、振り回されていたり、人の「主観的意見」に振り回されていたりして、自分の「お金」について明確な価値判断基準を説明することができないのです。

使った「お金」には意味がある

未成年のように親御さんに金銭的に依存して生活している人は別ですが、一般的に人は、一人の人間として、社会へ出て、親から独立して、仕事やビジネスなどを通じて「お金」を稼いで、自分で生計を立てて日々生きています。もしくは、パートナーと一緒に生活しています。

衣食住という最低限の目的を満たすためにも、食べるもの、着ているもの、住むところのすべてに「お金」がかかりますし、どこかに行ったり、何かをしたり、何か欲求を満たすために行動することに何らかの「お金」がかかるでしょう。日々何らかの「お金」を使わなければ生活できないと言っても過言ではありません。使った「お金」のひとつひとつに何らかの意味があるから使うわけで、そうすることで毎日を過ごしているのです。

ですので、無意味にドブに捨てるような形で「お金」を使うことは基本的にはしないでしょうし、意味不明で何の目的もなく「お金」を使うこともあまりしないでしょう。ただ、その意味がどれくらい明確か、どれくらい重みがあるかをあまり考えていない人が多いのかもしれません。

あなたが使った「お金」が、あなたにとってどういう意味があって、これまでの人生にどういう影響があったのか？　といった考えが、現在の「お金の自分軸」の状況を知る上で大切な要素となります。

では、その「お金の自分軸」、どのようにすれば明確にすることができるのでしょうか？

「お金の自分軸」の見つけ方

答えは簡単です。「お金の自分軸」を明確にする一番簡単な方法は**「使ったお金をすべて記録し、振り返ること」**です。

みなさんは、生きている限りにおいては、朝から晩まで毎日1年365日、何らかの形で「お金」を使って生活をしています。これらの使った「お金」のすべてについて、ひとつひとつを記録し、定期的に振り返ることで、今現在、その人が持ち合わせている行動パターンが可視化されて数値（金額）で分かりますし、その根底にある価値判断基準、すなわち「お金の自分軸」が分かります。さらには、価値判断基準だけでなく、その度合いが分かるでしょう。

使った「お金」には必ず意味があります。理由もあります。

なぜ、そのとき、その場所で、そのものを、いくらで買ったのか、そこに「お金」を払ったのか。そしてその「お金」を使ったという行為が、今のあなたにどうつながっているか、を考えます。

そして、その「お金」を使った行為が、あなたにとってどうだったのか振り返ります。良かったのか悪かったのかはもちろん、そこにどんな思いがあったのか、何が大事だったのか、何を大切にしたのか、何が好きだったのか嫌いだったのか、最終的に決めた理由は何だったのか、などなど、ひとつひとつの「お金」を支払った行為と向き合うことで、あなたの「お金の自分軸」を明確にすることができるのです。

残念ながら、この作業は一日二日ではできません。少なくとも3か月は続ける必要があるでしょう。3か月あれば、いろんな例外的な出来事なども平準化されて把握できますし、習慣に落とし込むにもちょうど適した期間だからです。

始めてから1か月もすると、自分のことが少しずつ分かるようになり、途中でいろいろと考えて「お金」を使うようになってくるでしょう。3か月も続けると、かなり明確になり、どういう基準でどういう風に使うのか、他の人に対しても説明できるようになるでしょう。ここまで来ると「お金」に振り回されない、「お金」に振り回されにくい、あなたがそこにいるはずです。

まずはレシートから

「お金の自分軸」を明確にする方法は「使ったお金をすべて記録し、振り返ること」ですが、まず初めにすることは、「お金」を使ったら、必ずレシートか領収書をもらうことです。

どんなものを買っても、です。それが10円でも１００円でも、です！
ですので、レシートの出ない自動販売機のようなもので買い物をすることは、オススメしません。別に自動販売機で買い物をしなくても今の世の中、困ることはほとんどないでしょう。

誰かと一緒に支払ったときは、自分の分だけ領収書をもらうか、その人がいらないなら、その人の分も併せてもらっても構いません。とにかく、何らかの形でレシートか領収書をもらってください。

領収書ですと日付と相手先と金額くらいしか記載されていませんが、レシートはすごいです。何月何日何時何分、どこで、何を、いくらで買ったか、といった詳細が記されています。**内容を記憶してなくても、レシートが教えてくれるのです。**

レシートの素晴らしいところは、それだけではありません。住所や連絡先が記されているので、忘れ物などしたときはすぐに連絡が取れますし、お店の名前をど忘れしても、振り返ってみて思い出すことができます。また行きたいときや、予約するときなどにも便利です。

筆者の経験談ですが、ある夜タクシーから降りてしばらくして忘れ物をしたことに気づいたときのことです。すぐに領収書に記してある電話番号に連絡したら、その30分後にタクシーの運転手さんが忘れ物を家まで届けてくれたのです。

もちろん、すぐに気づいたからというのもありますが、すぐに気付いても領収書がなければ連絡できず、忘れ物も返ってこなかったでしょうから、そのときは本当に領収書に助けられた、という感じでした。

レシートをもらったら

「お金」を使うたびにもらったレシートや領収書を、ただ漠然と持っていても仕方がありません。**定期的に、できることなら毎日、もらったレシートを何かの裏紙かノートに糊で貼って綴じていきます。**レシートの裏全体に糊をつけるのではなく、上の部分にだけつけて、あとではがせるようにしておくといいでしょう。

オススメは、はがせる糊です。間違っていたり、あとで変更したりしたいときに、べったりはがせない糊で貼ってしまうと大変ですが、はがせる糊であれば、いつでも好きなように並べ替えができますから。

　また、貼るにあたっては、**日付順に、できれば使った「お金」の内容や性質ごとに分けて貼る**のが望ましいです。食事なのか、モノを買ったのか、サービスを受けたのか、といった家計簿でいう、**食費、消耗品費、用役費、交通費、水道光熱費、みたいなカテゴリーで分けて、時系列に貼っていくのがいいでしょう**。もしくは、カテゴリーは考えずに、時系列で１日１ページに貼っておくのもいいでしょう。日記のようにあとから振り返りやすくなるからです。

　まずはあなたなりに、考えて工夫してやってみることをオススメします。なぜなら、自分で「考える」という行為が非常に重要だからです。

2/15
食費
消耗品費
交通費
水道光熱費

2/16
水道光熱費
交通費
食費
消耗品費

定期的に振り返る

ある程度レシートを貼れるようになったら、次のステップは**「振り返り」**です。これが非常に重要な作業です。

まずは1週間レシートを貼ったあと、時間を取って1週間を振り返ります。

振り返るにあたり、**まずは何も見ずに、この1週間、どういう「お金」の使い方をしてきたのかなあ、といった視点で振り返ってみてください。**

そして、次に、1週間を思い返しながら、1週間分のレシートを振り返ってみます。ひとつひとつのレシートをじっくり見直していると、いろいろなことに気づくでしょう。また、1週間前のことを意外と覚えていなかったりすることにも気づくでしょう。

筆者はマネーコーチングやコンサルティングという形で、マンツーマンでクライアントさんのサポートをさせていただいたりもしていますが、前回会ってから今回までの間のレシートをクライアントさんと振り返る際に、レシート1枚1枚について聞いていくと、「このレシート何だっけ?」「なんでここに行ったんだっけ?」「なんで買ったんだっけ?」などと返答されることが結構あります。

意外と何に使ったのか覚えてないことが多いものです。それだけ**無意識に日々「お金」を使っている**ということですが、そういったことも含め、**自分自身のことを知ることがとても大事なこと**なのです。

つい数日前、半月前の出来事を、それも重要な体験や、インパクトのあった出来事などですら、意外と覚えていないことが多かったりするのです。

これは単に、記憶力が良いとか、学歴的な頭の良し悪しとは全く関係ありません。

筆者が以前サポートさせていただいた超高学歴のクライアントさんは、偏差値70とか言われる超一流国立大学の理数系学部出身の方ですが、たかだか1週間前に起こったとんでもない事件とも言える出来事を覚えていなかったくらいですから。

この「振り返る」という行為を、1週間、2週間、1か月、3か月、半年、1年、といった単位で定期的に行い、あなたの「お金」に対する思考や行動パターンを分析すると、さらにいろいろなことに気づくでしょう。そこで得た気づきや学び、次に活かさなければもったいないですよね。

人間の記憶とは曖昧なものです。エビングハウスの忘却曲線ではありませんが、何もしなければ、今日学んだことの74%を翌日には忘れているのです。記憶を定着させるには、定期的に何度も繰り返し振り返ることが大切なのです。

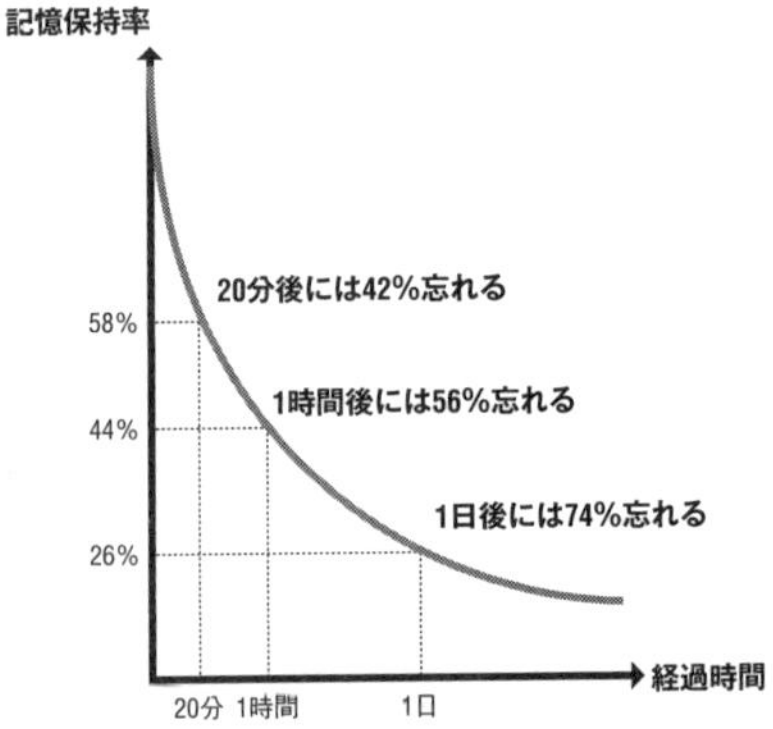

振り返るときの注意点

よく小遣い帳や家計簿で、今月は食費がいくらだった、交際費がいくらだった、などと振り返る人がいますが、「お金の自分軸」を明確にする上では、そんなことは極論、どうでもいいことです。今月は食費を使い過ぎたから来月は節約しよう……そこから得られることは、せいぜいそんなものです。翌月多少は意識するのでしょうが、フタを開けてみると実は結果はさほど変わっていないのが実情です。なぜでしょう？

原因は簡単です。頭では理解しているつもりでも本人は何も腑に落ちていないので、行動は変わりませんし、その根底にある意識すらも変わっていないからです。

大事なのは、「何費がいくらか」ではなく、「そのひとつひとつがあなたにとってどうだったか？　どういう意味があったのか？」なのです。

総額などというものは、単なる集計された結果でしかありません。集計された結果だけ見ても、そこから学べることはたいしてないのです。

大事なのは1回1回、「お金」を使ったことの意味や理由、それがあなたにとってどうだったか、なのです。

普段、毎日1000円のランチを食べている人がいたとして、月のランチ代30000円でした、などということは、ほとんど意味がないのです。30回食べたうち、**その1回1回に意識をフォーカスする**のです。

いつ、どこで、何を食べたか、誰と一緒に食べたか、食べ終わってどうだったか、味はどうだったか、雰囲気はどうだったか、何か気づいたり学んだりしたことはあったか、そして、それがあなたにとってどういう意味があったのか、何よりあなたにとって1000円の価値があったのか、そういった視点で30回分のランチ1回1回を振り返るのです。

あなたの価値観、「お金」に直結しない価値観も非常に重要で、1回1回のランチにどんな価値があったのか、そして、**あなたにとって何が大事で何が好き、何が嫌だったのか、そういった視点でひとつひとつ真剣に振り返る**のです。

30回すべて同じなどということはないはずです。例え同じ店で同じものを食べたとしても、そのときの気分や体調といった自分自身のコンディションもそうですし、気温や湿度、天気といった外的要因も違います。また、お店の人の対応やまわりのお客さんも毎回違うはずです。

これまで意識してこなかったことに対して、敢えて意識を傾けてください。自分自身の価値観だけでなく「お金の自分軸」が少しずつ明確になってくるでしょう。

客観的に自分が見える

まずこの行為、実際にやってみると自分自身のことを客観的に見ることができることに気づくでしょう。

なぜなら、裏紙やノートに貼られたレシートという、誰が見ても分かりやすい客観的な証拠があるからです。疑いようのない事実ですし、本意だろうが不本意だろうが、意識していようが意識していなかろうが、レシートに記載されているものにあなたが「お金」を払ったのは事実なのです。

もし客観的に見ることができないのでしたら、仲の良いお友だちか誰か他の人が、全く同じようなことをやっていて、その人のレシートを見ていると思って見てみてください。そのお友だちの「お金」の使い方や趣向性など、いろいろなことが分かるはずです。

もちろん、実際には「お友だち」ではなくてレシートを見ているあなた自身のことなんですけどね。

オリジン弁当まみれな彼・スタバ好きの彼・スイカバー好きな彼女

オリジン弁当まみれな彼

「この人ってオリジン弁当好きだよね」

実はこのセリフは、先ほどの超高学歴のクライアントさんが自分のレシートを振り返って言ったセリフです。一人暮らしの彼は滅多に自炊することもなく、近所のオリジン弁当でほとんど毎日、下手すると1日2回とかオリジン弁当のお弁当を食べていたのです。ですので、食費のレシートの半分近くがオリジン弁当のレシートだったのです。

オリジン弁当が好きなのかと思い本人に聞いてみると、実はオリジン弁当が好きなわけではなく、面倒くさいからいつも近くにあるオリジン弁当で済ませているだけで、本当はもっと違うものが食べたい、とのこと。**要は本人にとっては良い「お金」の使い方ではなく、不満があったけれど、それを見ないようにしてきたわけです。**

それを知った彼は「オリジン弁当やめませんか」ってことになりました。もちろん本人の意志です。

利便性もあるので、いきなりすべてをやめるわけにはいきませんでしたが、その後オリジン弁当を食べる回数は減り、別のところで買ったり、自炊を増やしてみたり、と行動パターンに大きな変化が起こりました。

スタバ好きの彼

「この人ってスタバ好きですよね」

これは別のクライアントさんですが、この彼は本当にスタバが好きなのだそうです。味は好みだし、雰囲気もいい、曲とかもいい、タバコを吸わない彼にとっては禁煙というのも大事な要素なのだとか。そしてＩＴ企業の営業職の彼には、次のアポイントメントまでの合間の時間を作業しながら過ごすには、スタバは絶好の場所なんだそうです。さらに、ワンモアコーヒーを100円（当時・税抜き）でお代わりできるのも気に入っているとか。

つまり、この彼においては、**スタバはとても良い「お金」の使い方**なのです。今日もまたどこかのスタバでコーヒーを飲んでいることでしょう。

スイカバー好きな彼女

「あたしってほんとアイス好きだよね、特にスイカバー」

こちらも過去にサポートした女性のクライアントさんのセリフ。主語は「あたし」ですが、かなり客観視できている方でした。

職業柄というのもあったのかもしれませんが、コンビニでよくお買い物をするようで、そこでアイスクリームを必ず買うらしいのですが、過去２週間ほどを振り返ってみて買ったスイカバーの数はかなりの数……５本まとめ買い、なんていうことも何度かあり、１日で数本、毎日のように食べていました。帰りながら１本、帰宅後に１本、寝る前に１本……さらに寝苦しい夜には夜中起きたときに１本食べていました。

さて、そのスイカバーですが、彼女にとってどんな意味があったかと言うと、元々アイス好きではあったのですが、スイカバーはその中でも**味から値段から食べたあとの満足感まで、他とは比較できないくらい**なのだそうです。それ

に食べたあと気分が良くなり、自分自身のコンディションもテンションも上がるとのことでした。コストパフォーマンスも最高とのことで、彼女はスイカバーをやめられないしやめるつもりもない、と。

スイカバーにはまっている自分を客観的に見つつ、その効果を知った上でスイカバーを買っているわけですから、**スイカバーは彼女にとって良い買い物、良い「お金」の使い方**だったのです。

「おこづかい帳」をつける

使った「お金」のすべてのレシートを貼って、定期的に振り返るだけでも、自分自身についていろいろな気づきや学びがありますが、さらに次のステージに進むにあたって大事なことがあります。

それが**「おこづかい帳」**です。

筆者がセミナーをするときに、決まって聞く質問があります。
「小遣い帳や家計簿をつけていますか？」もしくは
「小遣い帳や家計簿をつけていましたか？」

今現在つけている、という人は意外と少ないようです。過去つけていた人も合わせると、それでも半分弱くらいでしょうか？

つけていない人に、つけない理由を聞くと「面倒くさい」というのがほとんど。つけなくなった人も、「つけてもいいことないから」「何も変わらないしストレスだから」といった答えがよく聞かれます。

さらに小遣い帳や家計簿をつけている、と答えた人に「そこから何を学びましたか?」と聞くと、今月は食費がいくらで、光熱費がいくらで、いくら「お金」が残ったとか、赤字だったとか、そんなレベルのことしか分かっていなくて、そこから何か次につながるような気づきや学びを得ている人はほとんど皆無に等しいです。

前述した通り、何費がいくらで、赤字だった、いくら残った、などということはほとんど意味のないことです。なのに、そういった視点でしか小遣い帳や家計簿を見ないため、つけること自体がストレス以外の何ものでもなくなってしまうのです。

彼らは月々の「お金」を全体的に管理することだけが目的になっているだけで、一生懸命つけたところで、得られるものが少ないからストレスなのです。

そして、いつの日か小遣い帳や家計簿をつけることをやめてしまうのでしょう。

そういったネガティブな感情を喚起させるような小遣い帳や家計簿とは一線を画す意味で、筆者は敢えて**「おこづかい帳」**という言葉を使い、クライアントさんにも違ったイメージでつけてもらおうとしています。

「おこづかい帳」をつける目的

「おこづかい帳」をつける本当の目的は、「お金」を管理することではありません。

「おこづかい帳」をつける目的は、ずばり、「自分自身のお金の流れ（キャッ

シュフロー）と『お金の自分軸』を理解し、これから先の人生に活かしていくこと」です。管理することは二の次であって、自己理解を深めて、よりよい人生を歩むために非常に重要な情報が示されているのが「おこづかい帳」なのです。言うなれば、「お金」で測れる自己分析ツールと言っても過言ではありません。

「おこづかい帳」のつけ方

「おこづかい帳」をつけることで、自分自身の「お金の流れ（キャッシュフロー）」と「お金の自分軸」が理解できてくると、まず、無駄遣いがなくなるでしょう。自分にとって無駄なことが明確になるため、無駄なものに敢えて「お金」を払うことがなくなるからです。

レシートや領収書を元に、「おこづかい帳」をつけることをオススメします。Excelのような自分で加工できる表計算ソフトで作成しましょう。というのは、一般に汎用されている小遣い帳や家計簿のソフトやアプリは、管理することのみに目的が置かれているため、集計された結果を見てもほとんど何も学べないからです。

また、最近流行りの無料の家計簿アプリなどはデータを業者に取られている可能性もあります。あなたがいつどこで何を買ったかというような行動や趣味趣向など、すべてをさらけ出しているに等しいのです。

その点、表計算ソフトであれば、自分の好きなように、自分に合わせた形で組むことができますし、個人的な情報が第三者にさらされるようなことはありません。

必要な情報は、日付、相手先、科目、内容、入出金額の5つの項目のみです。レシートを貼る際にカテゴライズした食費や光熱費といった科目ごとに集計すれば、それだけで立派な収支表ができあがります。もちろん支出項目（出ていった「お金」）と収入項目（入ってきた「お金」）は別々に集計して、その差額を出さないと収支にはなりませんが……。

ただ、そんなに複雑に作る必要はありません。5つの項目を横に並べて、表計算ソフトに打ち込み、入出金額の部分は、入金と出金に分ける必要がありますが、あとは順番に打ち込んでいけばいいのです。レシート1枚につき、ひとつの行で5つの項目を入力するので、馴れないうちは面倒かもしれませんが、馴れてしまえばそれほど手間にならないでしょう。3か月も続けると習慣になります。

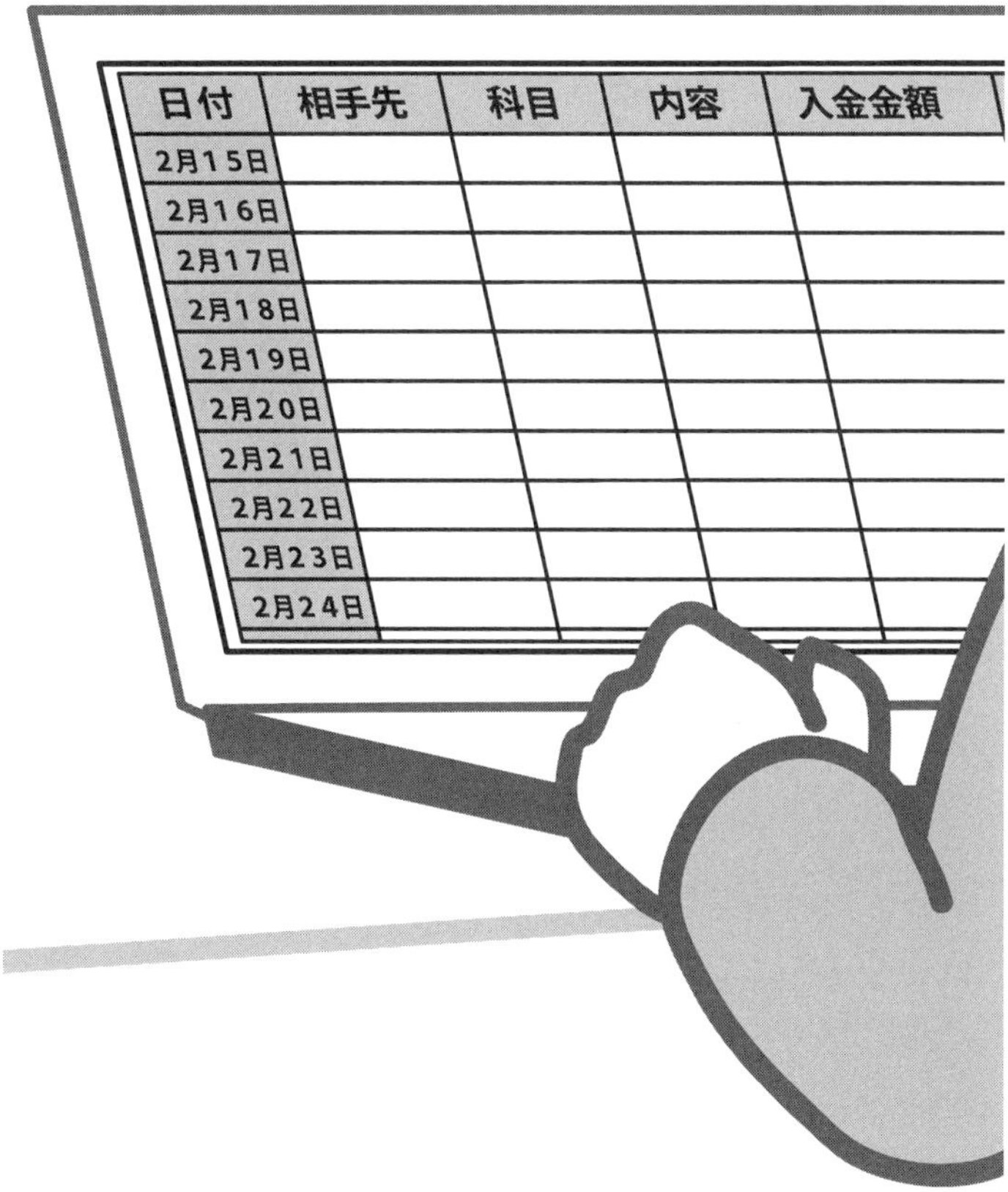
日付
相手先
科目
内容
入金金額
2月15日
2月16日
2月17日
2月18日
2月19日
2月20日
2月21日
2月22日
2月23日
2月24日

「おこづかい帳」を振り返る

日々使っている「お金」、すべてのレシートを入力して、月単位、四半期単位、半年、1年で集計して振り返ることも必要です。もちろん、前述の通り、**レシートそのものを振り返ることが先ですが、同時に「おこづかい帳」も振り返るとより効果的です。**

振り返るにあたって、**1日あたりの支出に着目する**ことをオススメします。月単位ならその月の日数で各科目の合計金額を割れば、1日平均その科目にいくら使ったかが分かります。

例えば、9月の食費が60000円だったとすると、9月は30日ありますので、60000（円）÷30（日）＝2000（円）、1日あたりの食費が2000円だった、ということになります。

これをすべての科目、特に使った金額の科目で計算してみます。水道光熱費や家賃、交通費、税金（所得税・住民税）や年金、健康保険料などなど、すべての支出の科目を合計した金額が、1日に使っている「お金」、**1日に必要な「お金」**、だったのです。

これを月単位だけでなく、数か月単位で見るのもいいですし、つけ始めてからの期間でも構いませんので、その期間の日数で割ることで、**これまで自分自身が1日にいくら使ってきたかが分かる**のです。

例えば、すべての支出の科目を合計した金額が、9月に30万円だったとすると、３００００（円）÷30（日）＝１００００（円）、１日あたり１万円使ってきたということです。
「私は１日１万円の女（男）」ということになります。

この金額が多いとか少ないとか、そんなことはどうでもいいことです。ただ**客観的に、自分が１日いくらの生活をしている人だ、ということを知ることが大事なのです**。これまでの人生、自分が１日１日生きてきたわけですが、その１日１日が平均値ではありますが、いくらの生活をしていたか、ということなのです。

その１日いくらの生活している自分を「良し」とするも、「悪し」とするのも本人次第で、何が絶対的に正しいということはありません。まずは自己理解をすることで、次にどうすればいいか、を考えることができるスタートラインに立ったということです。

ちなみに、筆者がサポートしてきたクライアントさんのこの数値を見ますと、だいたい8000円〜20000円程度に収まっています。というのも、基本的にはサラリーマンやOLさんということで、会社から給料をもらっている方が多いため、結局本人のお給料の範囲内、たまに範囲外の人もいますが、それに近い金額に落ち着くようです。

クライアントさん本人のことなのに、この金額を知るとみなさん驚かれます。自分が1日いくらの人間か、なんて考えたことがなかったからです。

人間今日1日しか生きることができない

なぜ、この1日単位が大切かと言うと、人間は今日1日という枠の中でしか生きることができないからです。昨日も明日も生きることができないのです。明日になれば、その日はもう今日なのです。夜寝て朝起きた瞬間、今日という1日が始まるだけなのです。

つまり、基本的には昨日の「お金」を今日使うことはできないし、明日の「お金」を今日使うことができないのです。

1日単位で必要な「お金」を知ることで、「今日1日どういうお金の使い方

をしようか」と考える基準になります。1日のうち、自由に使える金額（家賃や光熱費など固定費以外の金額）がいくらだから、「今日1日はこうしよう」と考えながら使うことができるのです。

ちなみに、ほとんどの人が明らかに一番たくさんの回数を使っているのは食事に関する支出です。1日3食、30日間食べれば、1か月に90回もの支出があるのです。逆に言うと、90回もあるため、いろいろな意味で一番いろいろと調整することができるわけです。

1日あたりこれまでいくら使っていたか、1日あたりの予算をいくらにするか、そして、今日1日の食事をどうするか、いくら使うか、いくら使わないか、などいろいろ考えて使うことで、結果が変わってきます。

計画的に「お金」を使う

また、今日1日の枠の中だけで考えるのではなく、明日、明後日、今週、もしくはもう少し先の将来のことを考えて、計画的に「お金」の使い方を計画することもできます。

今日は少し「お金」をセーブして、明日その分を使おう、週末使おう、将来に備えよう、というような使い方です。「節約」するのではなく、計画的に「お金」を使うための行動を選択する、ということです。

1日単位の「お金」を知ることは、この先生きていく上で、より良い将来を

目指すためのひとつの行動基準となり得るのです。

効率的、効果的、計画的に「お金」を使うためにも、1日の枠の中で生きる、1日の枠の中で「お金」を使う、ことを意識することはとても有意義なことなのです。

レシートには物語がある

筆者はマネーコーチングやコンサルティングを通して、いろいろなクライアントさんの数か月間の「お金」の流れ、使い方、価値観に触れさせていただいていますが、裏紙などに貼られたレシートを一緒になって見ることで、その人たちの思考や行動パターンを知ることができます。

もちろん守秘義務がありますので、本人と特定できるようなことは基本的に口外しませんが、世の中いろいろな考え方があることを感じさせられます。と同時にあらためて、人それぞれ価値観は違い、「お金の自分軸」も全く違うんだなあと感じさせられるのです。

同じようなレシート1枚をとっても、人それぞれ、そこにいろいろな意味や思いが隠されていて、人によっては、その1枚が運命を変えるような出来事だったりすることもあるのです。

レシートの裏にドラマあり

まさに、１枚１枚のレシートに物語があるのです。それが重要かそうでないかは別として、その「お金」を支払ったという行為に関して物語があるのは間違いありません。

使った「お金」があなたの人生そのものです

この使った「お金」をすべて記録する行為、レシートや領収書をすべて貼ったものを、あとで振り返ると、下手な日記よりもよほどその人の日々の生活が分かるということです。

本人は無意識で使っているかもしれませんが、実は使った「お金」のひとつひとつにその人の価値観、「お金の自分軸」が反映されているのです。ひとつひとつに物語があり、それらの物語をつなげると、その人の人生になるのです。「使ったお金がその人の人生そのもの」なのです。

特に、レシートの場合、何月何日何時に、どこで何を買ったか、何を食べたか、といった詳細が記されていることが多いので、その人のことを全く知らない他人が、その記録をすべて見ることができれば、その人の生活を、人生を容易に計り知ることができるのです。

あなたがこれまで使った「お金」で、あなた自身、あなたの人生が成り立っているわけで、まさに「使ったお金があなたの人生そのもの」なのです。

そしてまた、「これから使うお金があなたの未来を作る」ことにつながるのです。

これから使う「お金」のひとつひとつが、その人の未来に影響してくることは紛れもない事実で、使い方がひとつひとつ違えば、違った将来があるのです。その人が、**この先「お金」を使うとき、そこに明確な基準があるかないかで、あなたの未来が大きく変わってくる**のです。

なりたい将来のために「お金」を使う

「お金の自分軸」が明確な人は、使う「お金」ひとつひとつに価値や意味を見いだしながら「お金」を使います。

その支出が、自分のなりたい姿や理想の姿、夢、自己実現といった未来に、

どうつながるのか、どう役に立つか、常にそういったことを意識して、ワクワクしながらココロときめくような「お金」の使い方ができるのです。

将来なりたい自分を意識してワクワクしながら「お金」を使うのと、何も考えずに無意識にただただ「お金」を使うのと、どちらが自分の望む将来に近づくと思いますか？　間違いなく前者でしょう。あなたもぜひ「お金の自分軸」を明確にして、理想の将来につながるようなココロときめく「お金」の使い方を実践してみてはいかがでしょうか？

次章では、今ここで明確になった「お金の自分軸」を活かして、理想の将来を目指すためのやり方をお話しします。

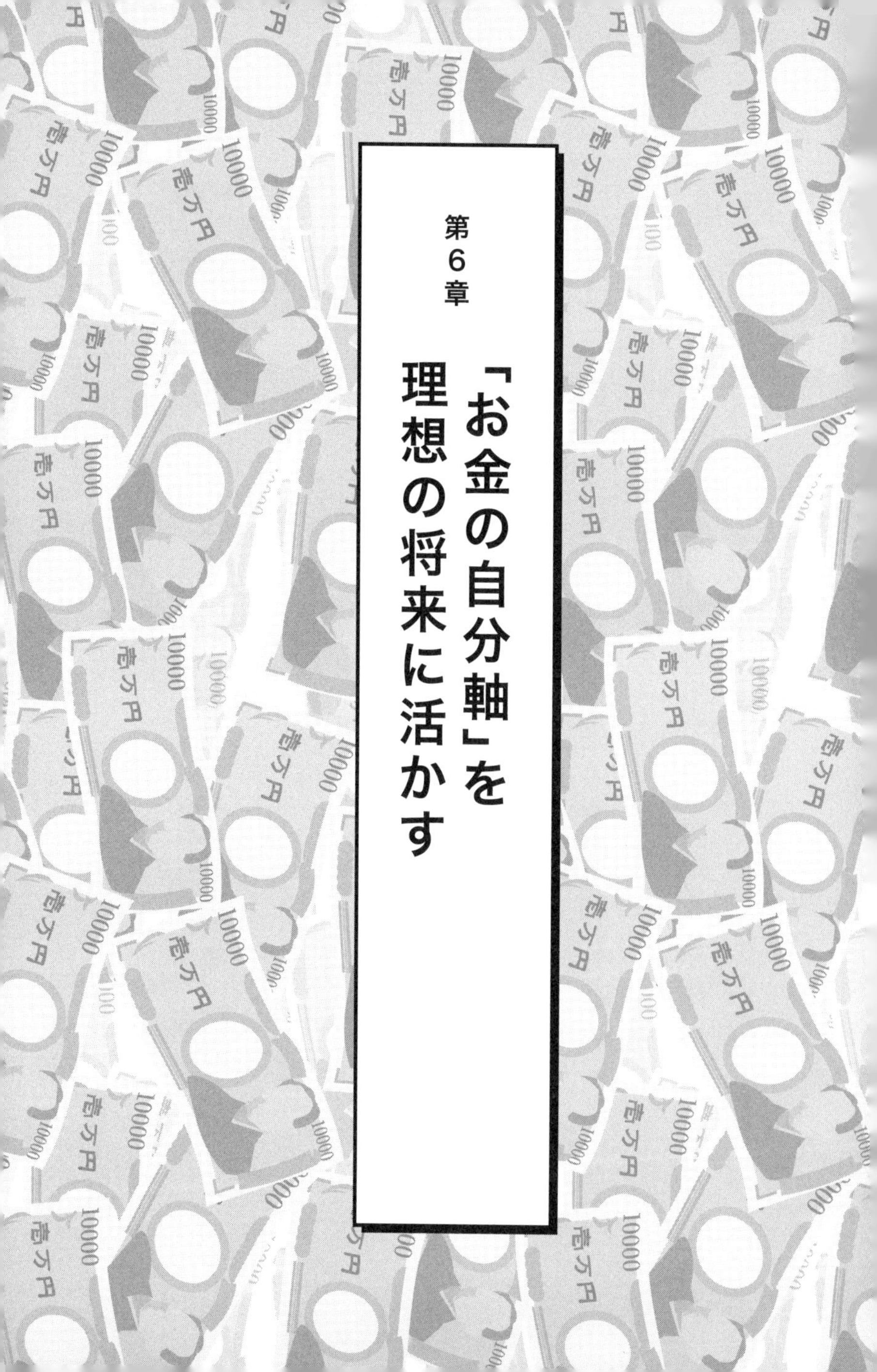

第6章

「お金の自分軸」を理想の将来に活かす

スタートラインに立つ

これまで「お金の自分軸」の大切さや明確にするための手法についてお話ししてきました。「お金の自分軸」が明らかになり、他人とは違う自分軸を明確にできたら、それを自分の理想の将来、より良いより幸せな未来を実現するために活かしていきましょう。

「お金の自分軸」が明確になって初めて、今の自分の状態が分かります。今どこにいるのかが、分かるということです。すなわち、この地点がスタートラインなのです。スタートラインに立つことができて初めてゴールを目指せますよね。

「お金の自分軸」が明確でない多くの人たちは、まだスタートラインにも立てていない状況ですし、目指すべきゴールが曖昧だったり、ゴールそのものがなかったりするのです。

逆に、スタートとゴールが明確であればあるほど、目標を達成しやすくなります。スタートとゴールの差、その差を埋めるために何ができるか、何をするか、といったことにフォーカスしていけばいいからです。

それも「お金」という数字で計れるものであれば、なおさら分かりやすくなります。スター

トラインが10だとして、ゴールが100だとすると、当たり前のことですが、あと90でゴールにたどり着くわけです。スタートラインが5だったらあと95でゴールにたどり着くだけです。

ゴールを目指して走り出したとき、スタートラインの10から1増えたとすると、今は11の地点にいる状態で、100まではあと89です。単純に考えると、あと89回同じようなことをすればゴールにたどり着くというのが分かります。途中で行き詰まってもスタートから進んでいる自分が分かるし、目指すべき方向も分かるので、迷走せずに済むのです。

スタートラインが分かっていないと

ところが、スタートラインが分かっていない人は、たとえゴールがあったとしても、まず方向が合っているのかどうか、それすら分かっていない可能性がありますし、何より、やっても、やっても、ゴールに近づいたのか遠のいたのか分からないということになりかねません。

途中で行き詰まったときに「進んでいる感」が感じられませんし、ゴールまであとどれくらいかという距離も分からずに迷走してしまい、しまいにはストレスで嫌になって諦めてしまう、そんな風にもなりかねません。

そういった意味でもスタートラインを知ること、すなわち、今現在の自分の状態と「お金の自分軸」を知り、明確にすることが非常に大事です。**そしてまた、ゴールを設定すること、なりたい自分の状態と将来の「お金の自分軸」を明確にすることも非常に大事**なのです。

前章では、現在の自分の状態と「お金の自分軸」を知るための方法をお伝えしてきました。

この章では、ゴール、すなわち、なりたい自分の状態と将来の「お金の自分軸」を明確にするための方法をお伝えしたいと思います。

ゴールを明確にする
〜理想の姿を知る〜

まず、あなたにやってもらいたいことがあります。

何の制約もなかったら、将来どんな生活をしていたいですか？

別に今の仕事や家庭環境、そういったことを考える必要はありません。夢や目標でも構いませんし、こんな夢のような生活をしていたいといった欲求・欲望でも構いません。

何年後でもいいのです。自分がワクワク楽しいと思える未来、こうなったらいいな、ああなったら面白いな、実現可能性なんて一切無視して、とにかく妄想でも何でも、描いてもらいたいのです。

人間は感情の生き物ですので、理屈だけで考えていても、何も変わりません。感情が伴って初めて物事が変化したり進化したりするのです。感情が高ぶるような理想の未来を描いてみてください。

もし、理想の未来が全然描けないのであれば、今あなたの生活で満足していないことをノートか何かに書き尽くしてください。箇条書きでも何でもいいので、100個くらい書き出してください。付箋を使うのもいいと思います。あとで簡単に並べ替えができるからです。

とにかくもう出ないよっていうくらい書き出してください。中途半端ではダメです。徹底的に不平不満、心配事、嫌なこと、嫌いなこと、避けたいこと、関わりたくないこと、を書き出すのです。

それが100個書き出せたら、そのそれぞれについて、じゃあ、その不平不満がどうなったらいいか、心配事がどうなれば心配じゃなくなるか、嫌なことがどうなったら嬉しいか、を考えて書き出します。もちろんそれも中途半端にこうなればいい、ではなくて、理想の形を、不満や嫌なことが徹底的に完全になくなるまで考えて書き出してください。

そうすると、その理想の形というのが、ある意味、夢や目標の姿なのです。きっとその状態になれたら、不平不満もなく心配事もなく嫌なこともない、今よりもずっと素敵な生活がそこにあるのです。

夢や目標を達成したら

夢や目標を達成したらどうなりますか？

これまでに多くの人の夢や目標を聞いてきましたが、夢や目標を達成したらどうなるのか聞いてみると、意外とその先のことを考えている人が少ないことに気づきます。

夢や目標を達成したらおしまい、ではなくて、夢や目標を達成したときの日々の生活があるのです。夢や目標を達成した日々を生きているのです。朝から晩まで何らかのことをして生きているのです。夢や目標を達成したら死んでしまう、ってことは恐らくないでしょう。

夢を叶えたら死んでもいい？

夢や目標を達成したら死んでもいい、と言う人は、口では言っていても、実際それが現実のものになると死なないものです。筆者の経験談ですが、とある40代の女性の方と夢や目標の話題になったとき、その方はとある夢を達成したら死んでもいい、と豪語されたのです。

そこでいろいろとお話を伺うと、彼女の夢はイギリスに留学して、ガーデニングを始め、毎日いろいろなお稽古ごとをして、アフタヌーンを楽しむ日々を過ごしたい、と。それもその生活を3か月できたら死んでもいいと。

そこで聞きました。

「その夢の生活をするのに必要なお金はいくらぐらいですか？」と。

彼女は、一度も具体的に考えたことがなかったようで即答できませんでしたが、その場で筆者と一緒に、具体的に住みたい所の家賃や食費、習い事の費用がどれくらいかかるかなど、考えられるすべての費用を試算したところ、3か月150万円くらいでその夢が叶うことが分かりました。

そこで筆者がちょっと意地悪な提案をしたのですが、「明日150万円をあげるから、その夢を達成して3か月後に必ず死んでください」と。もちろん、条件として、生命保険に入ってもらって受取人は筆者で、ですが（笑）。

夢を達成したら死んでもいいと豪語していた手前、そのときは強気で死んでやる、と言っていましたが、しばらくすると「ごめんなさい、やっぱり私、死にたくないです。私が間違えていました」と。

そんな彼女は、今もちゃんと生きています。やはり夢を叶えても目標を達成しても、人は死なないのです。

夢が叶い目標を達成したとき、あなたはどんな生活をしていますか？

どんなところに住んでいて、どんな「お金」を使って生活していますか？　朝は何時に起きますか？　起きたら何をしますか？　朝ご飯はどうしますか？　何を食べますか？　そのあとは何をしますか？　そんな具合に、実は夢や目

標を達成したあと、やはり朝から晩までいろいろなことをして生きています。

ほとんどの人は、理想の生活を具体的に考えていません。

一度きりの人生です、何の制約もなく、どんな生活をできていたらいいか、を考えてみませんか？ 理想の姿、なりたい自分、理想の生活、何でもいいのですが、夢や目標を達成したときの日々の生活、1日単位、週単位、月単位、年単位、でやっていること、やっていたいことを考えてみませんか？

目指さないところには行けないし、なれない

一般的には目指さないところには行けないし、目指さないものにはなれません。

車でどこかへ行くにしても、行き先を決めてカーナビに入れるか、地図を見るかして、その地点を目指すから目的地に着けるのであって、気づいたら目的地に着いている、ってことはないですよね。登山でも、登りたい山の山頂を目指すから登頂できるわけで、気づいたら山に登っていた、なんてこともないですよね。

サッカー選手になりたい、パイロットになりたい、お医者さんになりたい、パン屋さんになりたい、お花屋さんになりたい……等々、大きくなったら何になりたいか、と尋ねられた子どもからよく返ってくる答えですが、彼らは子どもながらにそれらの職業がどんなものか理解しています。

そして、その後、実際にその職業に就いた人たちは、それらの職業が何をするか、どういう状態かを理解して、そうなるために力を注いだからそうなれたはずです。ルールも知らず、ボールを蹴ることもしないで、気づいたらサッカー選手になっていた、なんてことはありませ

んよね。

夢や目標、理想の生活も目指さなければそうなれませんし、そうなるために何か今と違うことをしていかないと近づけませんよね。そういう意味でも、まずゴールとなる状態、それも**漠然としたものではなく、より具体的にイメージすることが大事**なのです。

理想の日々の生活費

では、ワクワクするような夢や目標を達成したとき、どんな生活をしているか、具体的に考えてみてください。そして、そこにどのような形でいくら「お金」が絡むのか、も同時に考えてください。

理想の生活、まず、どんなところに住んでいますか？　「お金」がかかるという意味で、理想の物件を借りたら月々いくらするかも調べてみてください。住みたい場所と理想の間取りが分かれば、インターネットで検索すればおおよその家賃が分かりますよね。

そして、理想の1日の過ごし方を考えます。朝何時に起きますか？　そのあとは何をしますか？　そこにいくら「お金」がかかりますか？　朝食は、昼食は、夕食は、食べる・食べない、はもちろん、どんなものを食べるか、どこで食べるか、誰と食べるか、そしてそれらがいくらくらいするか、だいたいの金額を出してください。他にもどこかに行くなら交通費やその他の行動にかかる「お金」を書き出してください。それらすべてを集計すると、理想の1日に必要な「お金」が分かりますよね。

他にも週に1回、もしくは数回でもいいのですが、何かやっていたいこと、お稽古ごとでもマッサージやエステでも何でも構いません、1回あたりだいたいいくらくらいか書き出します。

次に月に1回とか数回、やっていたいことを書き出してください。温泉に行きたいでも、高級レストランで食事をしたいでも何でも構いません。高級ホテルに宿泊してエステ三昧なんていうのもいいでしょう。理想の生活なので、ちょっと贅沢に考えたほうがワクワクしますよね。

他にも1か月単位でかかるもの、水道光熱費やスマホ・携帯電話代などの通信費、あと衣服や身につけるものを買ったり、トイレットペーパーや洗剤などの消耗品を買ったり、といったもの、これもざっくり月いくら使いたいか、使っていそうかを書き出してください。もちろんあなたが本当にワクワクすることを前提に、ですよ。

そして、年に1回とか数回やっていたいこと、例えば、海外旅行に行きたいとか、国内旅行に行きたいとか、クルージングに行きたいとか、豪華なパーティーを主催したいとか、何でもいいのですが、これも書き出してみてください。で、だいたい1回あたりいくらくらいかかるかを書き出します。旅行などは、行く場所によって全然違ってきますので、まず行きたい国や場所を5か所くらい挙げてみて、その平均単価をひとつの目安にしてみてください。

ここで一点注意なのですが、**あなたが本当に心の底からワクワクするような「お金」の使い方にフォーカスしてください**。ちゃんとそこに理由や感情のつくような形で、という意味です。海外旅行が好きでもないのに、年に2回海外に行こうかな、とかはNGです。

以前セミナーで「毎年フェラーリを買いたい」と言う方がいましたが、その理由を聞けば、特に明確な理由はないどころか、フェラーリの車種も価格も全く何も知らないとのこと。

要は毎年フェラーリを買えるくらいの「お金」が欲しいだけの話で、ワクワクどころか何の感情も伴わない支出でした。こういった、心の底からワクワクしないようなものを理想の生活費に入れるのはやめてください。

さて、ここまでできたら、次に、1日単位から年単位の計算をしていきます。住んでいるところであれば、月々の家賃の12倍が1年分になります。1日の生活費でしたら365倍にした金額を、1週間に1回なら52倍した金額を、月に1回もしくは月々かかるものなら12倍した金額を、そして年単位のものはそのままの金額をすべて足すのです。

この金額が、理想の生活を1年間するのに必要な「お金」なのです。

もちろん、旅行中と日常の費用が重なるなど多少のズレは生じますが、その金額があれば理想の1年を過ごせるはずです。

そしてそれを12で割れば、1か月あたりに必要な理想の生活費になりますし、365で割れば1日あたりに必要な理想の生活費になります。

いかがでしょう？　あなたの理想の生活費はいくらになりましたか？　ケタ違いに大きな金額になりましたか？　それとも思ったほど大きくなかったですか？

ちなみに筆者がこれまでサポートしてきた方々のほとんどが、月100万円前後の範囲に収まっています。たまに月60万円とか70万円とか低い金額の方もいましたが（実際、そういう方の中には、この数値を算出した瞬間「あ、私、もうほとんど理想の生活ができてるかも！」と叫ばれた方もいます）、高くても150万円を超える人はほとんど見られません。

つまり、年間で1200万円前後の「お金」があれば、多くの人は理想の生活ができるのです。どうですか？　この数値、確かに人によっては大きな金額かもしれませんが、実際に大手企業のサラリーマンで、すでにそれだけ収入がある方っていらっしゃいますよね。箸にも棒にもかからない数値ってわけではなく、達成の可能性がありそうな数値だと思いませんか？

何も今の職場のお給料だけでその金額を稼ぎなさい、と言っているわけではありません。別の収入源を確保して足りない部分を補っていければ、目指せなくはないと言っているのです。

筆者のように金融資産に働いてもらうというのもひとつですし、不動産や他の資産に働いてもらうのもあるでしょう。また筆者が勧める「趣味をビジネスにして節税を絡めて収入や資産を増やす」というのも面白いと思います。今や世間は副業解禁時代ですので、副業をするなら好きなことやりたいことでやるのが一番です。

給与という労働所得だけでなく、複数の収入源を作っていくことで、加速度的に理想の生活に近づくことができます。それに、もし理想の生活を100％達成できなくても、今よりも理想に近い生活ができていたら嬉しくないですか？　今よりも良い状態になっていたら、嬉しいですよね？

先ほど描いた理想の生活100％でなくても、ちょっと海外旅行の回数を減らして、ちょっと住みたいところのランクを少し下げて、などで、理想の80％くらいでも結構嬉しかったりするのです。人によっては50％でも今より断然良い状態だし、ぜひ目指したいって方もいましたので。

「趣味をビジネスにして……」というのは本書のテーマではないので、別の機会にお話しするとして、ここまで来て初めて「現在の自分の状態とお金の自分軸」と「なりたい自分の状態と理想の未来のお金の自分軸」が明確になったのです。

第5章で現在の自分、「1日○○円の私」と今描いた理想の未来の「1日○○円の理想の私」が数値化され、金額として把握できたのです。今やっと、ゴールを目指してスタートラインに立てた状態なのです。あとはこの差をどうやって埋めていくか？　にフォーカスし、行動するだけです。

感情が非常に大事である

さて、今ここで理想の未来を描いてもらいました。達成できたら嬉しい理想の姿ですが、実現の可能性は深く考えないで将来を描いていただきました。ここまで考えてみて、どうでしょう？　ワクワクしますか？

心の底からワクワクしていますか？　それやってみたい、今すぐ何か行動したくなるような衝動はありますか？

ある成功された方が言われていましたが、理想の未来が描けたとき、よだれが出そうなくらいに顔がほころんでいて、それを達成しようといろいろ施策を考えると、お尻の穴がムズムズして今すぐ何かやりたいというくらいの状態になるのだそうです。

ワクワクできる理想を描こう

もし**ここでワクワクしていないと、描いたその理想の姿や生活は、あなたにとって目指す価値がない、達成しても意味がない、ということになります**。その場合には、また最初からやり直し、ワクワクするまで理想の姿を追求してみてください。

人間は感情の生き物です。何をするにもまず**感情が非常に大事です**。感情が伴わない理想の姿は、達成したいという意志や動機が非常に低いため、実現の可能性が著しく低下します。ですので、あなたが得たい感情を元に、あなたの理想の姿を描いてください。

課題や障害とちょっとした知恵や工夫

理想の姿が描けたら、次にすることは、そこに行き着くために考えられる課題や障害を挙げてください。今度は感情を一切抜きにして、冷静に理性的に考えてみてください。

さらに**その課題や障害に、自分自身の性格をひとつ入れてみてください**。決断力がない、優柔不断、飽きっぽい、長続きしない、といった人もいれば、せっかちで後先考えず行動してしまう、といったことがある人もいるでしょう。いずれにしても、自分自身の性格上の癖や偏りが、自分の行動とその結果に影響を及ぼすようなことをひとつ挙げてください。

そして次に、今挙げた**課題や障害を解決するためのアイディアや克服法を考えてください**。何もそんなに大掛かりな仕組みや戦略ではなく、ちょっとした知恵や簡単な仕組みなど、すぐに行動に移せるようなことで構いません。

第3章にて紹介した筆者の知り合いの、とあるお金持ちの方がやられている付箋に書いて財布に貼るという行為は、まさしくちょっとした簡単な仕組みの典型例ですよね。

実際、彼は昔から後先考えずに「お金」を使ってしまう性格の人だったそうで、目標を達成するためにその性格を変えたいと考え、思いついたアイディアが、付箋に「投資?」「消費?」「浪費?」と書いて財布の内側に貼ることだったのです。

要は、買い物する際にレジで「お金」を支払うとき、「投資?」か「消費?」か「浪費?」か、を問うための簡単な仕組み、ちょっとした工夫です。

付箋を貼ったばかりの頃は、商品を持ってレジに並んで、いざ財布を開けて支払うときになって、「やばい、浪費だ!」と気づいても、すでに後ろに人が並んでいたりして、買わざるを得ないことがよくあったそうです。しかし、それを何度も繰り返しているうちに、まず商品を手に取った瞬間「投資？」「消費？」「浪費？」を意識するようになったそうです。

買う前に「投資？」「消費？」「浪費？」と問いかける習慣ができた今でも、その付箋は貼ったままになっています。筆者も一度見せていただきましたが、当時は、本当にタダの付箋で、「投資？」「消費？」「浪費？」とボールペンで書かれているだけでした。

どうです？　本当にちょっとしたアイディアですよね。それでもその付箋は彼の習慣が変わるほどの影響をもたらしたわけです。何かそういった工夫を考えてみてください。

具体的な行動の細分化と実行

そして最後は、具体的な行動計画を立てる、ことになります。理想の生活を達成するために、何をするか、細かく行動を分けて小さな行動をたくさん書き出します。些細なことでも、書かなくてもやるようなことでも、書き出してください。

書き出したそれぞれのことに対して、期限を設定し、実行に移すのです。**ポイントは、行動をどこまで細分化することができるか**、です。大きなことも、小さなことの積み重ねであったりします。そして、実行に移します。

行動の細分化に関して、筆者がサポートしているクライアントさんの例を挙げましょう。

彼女は、最初レシートを貼ってくることすらできませんでした。何とかレシートをもらうことはできるようになったのですが、そこからはなかなか進みませんでした。

財布がパンパンになるまでレシートを溜めて、さすがにカッコ悪いから仕方なしにレシートを出す、というレベルでした。

彼女にとっての行動の細分化は、いきなりレシートを貼ってくる、ではなくて、まず、

①レシートを保管する場所を決める
②レシートを財布から出す

③財布から出したレシートを①で決めた保管場所に置く
④保管したレシートを貼る台紙と糊を準備する
⑤保管したレシートをいつ貼るか決める
⑥レシートをまず数枚貼る
⑦レシートをまとめて貼る
⑧レシートを定期的に貼る

こういった小さな行動に細分化しステップを踏みました。

実を言うと①と②の間にも「財布をカバンから出す」という行動の細分化がありました。彼女は、以前、家に帰っても財布はカバンに入れっぱなしで、カバンから出す習慣すらなかっ

たのです。

笑い話のようですが、実際彼女がレシートをちゃんと定期的に貼れるようになるには2か月くらいの時間がかかりました。そんな彼女も、今ではレシートはもちろんのこと、定期的にExcelで「おこづかい帳」をつけるまで成長しています。彼女は、自分の理想の姿を目指して日々チャレンジしており、筆者がサポートしている間に、理想の相手を見つけて結婚し、理想のマンションに住むなど、いろいろな目標を達成しています。

実行にあたっての注意点

具体的な行動を進めるにあたっての注意点ですが、**「実行し終わった行動も**

消去しないで記録として残しておくこと」が大事です。

よく、ちまたにあるTO-DOリストのように、やったことを消去して、できていないことのみをリストに残しておくことがありますが、それだけは絶対にやめてください。

やったもの・やらなかったもの、すべて残しておく。もちろんやっていないことをこれからやるのですが、これまでに自分のやったことを残しておくことで、これまで自分のやったことを評価することができるのです。

要は**できていないことだけにフォーカスするのではなく、できていること、できている自分、進んでいる自分にフォーカスすることが大切**なのです。できていないことにフォーカスすることは、できていない自分、できない自分、すなわち自己否定感や自己評価を下げる行為となり、ストレスを生んだり、その先の進捗に大きな影響を及ぼす可能性が高いからです。

できている自分、進んでいる自分を客観的に見るためにも、実行し終わった行動のひとつひとつを残しておいて、「こんなにやってきたんだ」「こんなに進んだんだ」といった自己肯定感や自己評価を高めることが必要なのです。

また、できていないこと・やっていないことについてですが、できていない・やっていない理由があったりします。その理由と向き合って、どうやったらできるかを考えたり、別のやり方や別の行動を考えたりすることも大事なことです。

どうしてもやらなきゃいけない、のではなく、自分らしい別のやり方、別の方法、別の行動でもいいのです。要は、最終的に自らの理想の姿に近づければ、目標を達成できれば、ひとつひとつの行動にこだわる必要がないのです。

習慣を変えよう

理想の姿を達成するにあたって、実は一番大切なことは、今ある習慣を変えることなのです。今ある習慣のまま生活を続けていたら、ワクワクした未来は来ないでしょう。新たな習慣を作り出していくことで理想の姿により早く近づくことができる、と言っても過言ではありません。

また、**「お金は習慣である」**と、筆者は何度もこのセリフをお伝えしてきました。自ら主体的に学んで体得したものではなく、親や親族といった生まれ育った環境の中で刷り込まれた習慣です。ですので、すぐに変えられるものではありません。ただ、本人が自ら変えようとしない限り、いつまで経っても習慣は変わることはないし、今のまま、同じことを繰り返すことになるでしょう。

いくらたくさん「お金」を稼いでも、いくら「お金」をたくさん持っていても、「お金」に関する習慣が変わらなければ、いつまで経っても不安を感じたり、「お金」に振り回されたり、ストレスを抱えながら生きていかなければならないのです。

そういう意味でも、**今ある「お金」に関する習慣をより良いものに、違うものに変えていきませんか？**

「お金」に対する心配、不安や恐怖、振り回されているというストレス、こういったものを感じないように、「お金」に働いてもらうために、「お金」をコントロールするためにも「お金」に関する習慣を変えていきませんか？

習慣というものは、今日明日すぐに変わるものではありません。今日聞いたから、明日からすぐにできるかというと、なかなか難しいでしょう。毎日少しずつ意識をして、言葉を変えて、行動を変えて、それを繰り返すことで習慣として身につくものなのです。

マザーテレサの言葉

ここで、筆者の好きな言葉、マザーテレサが言われたという言葉を紹介したいと思います。

思考に気をつけなさい、それはいつか言葉になるから。
言葉に気をつけなさい、それはいつか行動になるから。

行動に気をつけなさい、それはいつか習慣になるから。
習慣に気をつけなさい、それはいつか性格になるから。
性格に気をつけなさい、それはいつか運命になるから。

英文は以下の通りです。
Be careful of your thoughts, for your thoughts become your words.
Be careful of your words, for your words become your deeds.
Be careful of your deeds, for your deeds become your habits.
Be careful of your habits, for your habits become your character.
Be careful of your character, for your character becomes your destiny.

となりますが、「習慣」を変えるには、「行動」を変える必要があり、「行動」を変えるには、「言葉」を変えることが必要となります。そして何より最初に「言葉」を変えるためには「思考」を変えることが大事なのです。ちなみに理想の生活を達成するにあたって、考えられる課題や障害のところで「性格」をひとつ挙げてもらいましたが、この「性格」を変えるには「習慣」を変える必要がある、ということなのです。

日々「思考」していること、考えていることが、もし肯定的でなくて、自分の目指したい姿に近づくような考えでなければ、いくら「言葉」に出しても唱えても、いくら「行動」しても、本質的な部分がついていっていないので、「習慣」を変えるまでに至らないのです。

そして、この「習慣」を変えるという行為は、やがて「性格」をも変えることになり、「性格」が変わるとそれが「運命」、すなわちその人の人生そのものに大きく影響することになるのです。

マザーテレサの言葉では、最初に「思考」とあり、「思考」がとても大事なのですが、その「思考」をどうするかの前に、「思考」を引き起こす「意識」がとても重要になってきます。何に「意識」をするか、何にフォーカスするか、それによって「思考」が変わってきます。

まずは、「意識」を変えることから始めてみることが大事なのです。常に「意識」の中で、肯定的で目指したい自分にフォーカスすること・考えること、それが常にできるようになって初めて、意味がある「言葉」として説得力が出てくるのです。そしてその「言葉」に伴う「行動」ができるようになって、それが「意識」しなくてもできるようになれば「習慣」と化すのです。

残念な人（「意識」が伴わない人）

筆者のまわりでたまに見かける悪い例、というか、残念な例は、「言葉」だけはやけにポジティブなのですが、無理してそう思い込もうとしている人、つまり心の中では思っていないけれど、自分で自分を一生懸命洗脳しようとしている人がいます。

こういう人は残念ながら、発する「言葉」自体に不自然さが残りますし、具体性も説得力もありません。何より結果として「行動」が伴わないし、リアルな感情も伴っていないので何ら望ましい結果も出ていない……。

何でもポジティブに考える、というか、無理してポジティブに考えようと頑張っている人っていうのが正しい表現なのかもしれませんが……いずれにしても見ていてとても痛々しく感じます。

まず「意識」の中で本当に自分がそう思える、そうなりたい、そうなれる、と信じてそれが無意識に感じるくらいになれることが重要なのです。無理矢理ネガティブなものをポジティブに思い込むのではなく、ネガティブなものはネガティブなものとして、一旦受け止めた上でちゃんと受け容れ、それをどう捉えていくか、どう「意識」に落とし込んでいくかが大事なのです。

具体的な行動を起こすことが大事

筆者のクライアントさんで、こんな女性がいました。具体的な内容は控えますが、彼女には夢があり、当時勤めていた会社を辞めて独立して、あんなことやこんなことをやっていたい、といった理想の未来がありました。

それを具体的に思い描き、ある程度現状も把握しつつあったあるセッションのときに、過去数週間のレシートを一緒に振り返っていると……、

「あー、私、理想の未来のために何にもお金使ってない！」

そう、彼女は過去数週間の間、理想の未来に近づくために1円の「お金」も使っていない、それだけではなく、そのための時間も行動も一切なかったのです。

それに気づいた彼女は次のセッションまでの間に「本を買う」、「それができている先輩に会う」、「ワークショップに参加する」、といった具体的な行動を起こすと宣言して、実際にそれらをやっていきました。

その結果、というわけではありませんが、その後もそういった行動を続けた結果、今では独立していろいろとご活躍されているようです。

理想の未来のために
お金を使おう

おわりに
自分らしい「お金」との接し方で理想の自分になる
～「お金」に振り回されない生き方～

自分にとっての「お金」に対する価値観、すなわち「お金の自分軸」というものを明確にして、これからの人生に活かして、より素敵な人生を歩んでいきましょう、ということをテーマにこれまでお話をしてきました。人とは違う自分軸、「お金の自分軸」が明確であればあるほど、他人にも「お金」にも振り回されない自分がそこにあるのです。

「お金の自分軸」とは、結局「お金」と自分との関係、それも他人や世の中に押しつけられた価値観ではなく、**自分自身の奥底から感じられる唯一無二のあなたの「お金」に対する価値観**なのです。

そこには他の誰でもない、あなた自身にとって大事にしたい大切な思いや考えが含まれていて、それはあなた自身が良いと思えるのなら、他の誰にも変えさせられることのないものなのです。

「お金の自分軸」を明確に持って生きるということは、自分らしく生きる、自分に素直に正直に生きることと同じことなのです。無理をする必要もなければ、見栄を張る必要もありません。そこにストレスすら溜める必要もないのです。

「お金の自分軸」を明確にして、自分らしく「お金」と接しながら、「お金」に振り回されることなく、ココロときめくような「お金」の使い方をして、自分の人生を歩んでみてはいかがでしょうか？

そしてそれが、理想の自分、理想の姿、理想の生活へと近づくことにつながるのではないかと筆者は信じています。

最後に、この本のまとめとして、あらためてお伝えします。

1 「お金」に色はありません、色をつけているのは個々の人間なのです。出所がどうであっても、大切に接しましょう。

2 「お金」は習慣です。親や祖父母の時代の古い習慣を踏襲している可能性も高いのです。もし今の習慣があなたにとって良いものと言えないなら、少しずつ習慣を変える行動を起こしてみてはいかがでしょうか。

3 「お金の自分軸」は十人十色です。親でも子どもでもお友だちでも、全員違います。人の価値観（人の「主観価値」）に振り回されない「お金の自分軸」を明確にしましょう。

4　使った「お金」があなたの人生そのものです。すべて記録し、定期的に振り返ることで「お金の自分軸」が明確になります。

そして、これから使う「お金」があなたの未来を作るのです。これから使う「お金」のひとつひとつが、あなたにとって価値のある意味のある、そしてココロときめく「お金」の使い方ができれば、きっとあなたの望む理想の未来に近づくはずです。

本書が、読者のみなさんにとって、「お金の自分軸」に気づき、明確にし、それをこの先の人生に活かしていくためのきっかけになれば、書き手としても嬉しい限りです。

こながい　ひでゆき

[著者プロフィール]

こながい ひでゆき

ココロとお金のコンシェルジュ（マネーコーチ＆コンサルタント）

米国公認会計士・宅地建物取引士・ファイナンシャルプランナー・心理カウンセラー

大手会計事務所やコンサルティング会社にて、企業のキャッシュフロー改善や価値向上のための財務戦略コンサルタントとして、M&Aや事業再生など、数百ものプロジェクトに関わる。ベンチャー企業の設立・経営にも参画。

外資系企業含め、様々な職場環境を経験する中で、人間関係や心の問題を目の当たりにし、「心とお金の関係の重要性」に気づき、マネーコーチ＆コンサルタントとしてクライアントのお金に関する習慣の変容と豊かな人生を歩むための支援を開始する。

現在は、資産運用で生計を立てるかたわら、「ココロとお金のコンシェルジュ」として、「ココロとお金の相談室 Kona's Salon」を主宰。投資や財務・会計といったお金に関する知識と、心理カウンセリング・コーチングの手法を組み合わせたマネーコーチング、コンサルティング、講演・セミナー、ワークショップなどで活躍、注目を集めている。

Twitter
https://twitter.com/kona43713595

Money Coaching & Consulting HP
https://spark.adobe.com/page/O2qlbLOOxHbbx/